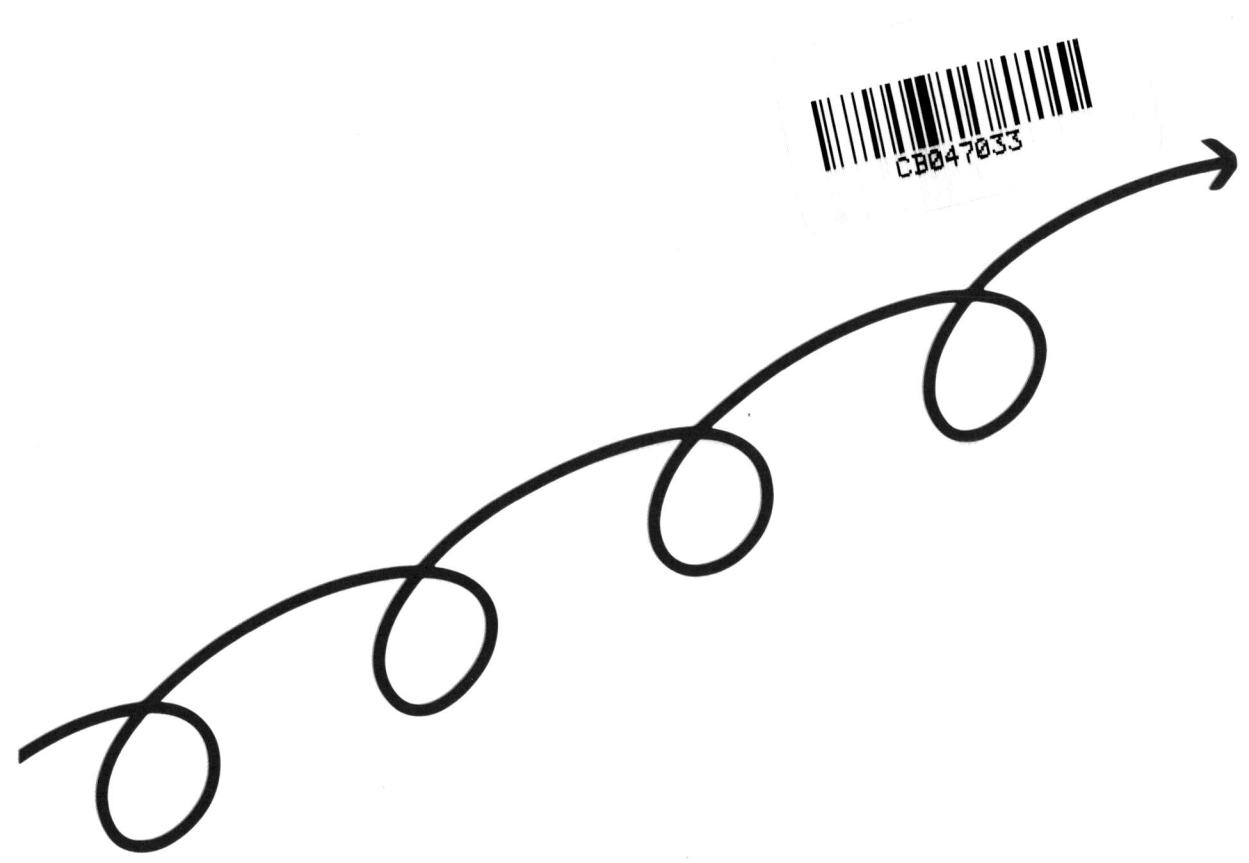

PRINCÍPIOS
PARA O SUCESSO

PRINCÍPIOS PARA O SUCESSO

RAY DALIO

Tradução de Luiz Felipe Fonseca

Copyright © 2019 by Ray Dalio

TÍTULO ORIGINAL
Principles for Success

REVISÃO
Eduardo Carneiro

DIAGRAMAÇÃO
Ilustrarte Design e Produção Editorial

PROJETO GRÁFICO E DESIGN DE CAPA
Mark del Lima, Mio Yokota e Christina Peabody

ADAPTAÇÃO DE CAPA
Márcia Quintella

CIP-BRASIL. CATALOGAÇÃO NA PUBLICAÇÃO
SINDICATO NACIONAL DOS EDITORES DE LIVROS, RJ

D147p

Dalio, Ray, 1949-
    Princípios para o sucesso / Ray Dalio ; tradução Luiz Felipe Fonseca. - 1. ed. - Rio de Janeiro : Intrínseca, 2020.
    168; 18 cm.

    Tradução de: Principles for success
    ISBN 978-85-510-0646-7

    1. Sucesso. 2. Conduta. 3. Sucesso nos negócios. I. Fonseca, Luiz Felipe. II. Título.

19-62013
    CDD: 650.1
    CDU: 005.336

Meri Gleice Rodrigues de Souza - Bibliotecária CRB-7/6439

[2020]
Todos os direitos desta edição reservados à
EDITORA INTRÍNSECA LTDA.
Rua Marquês de São Vicente, 99, 3º andar
22451-041 – Gávea
Rio de Janeiro – RJ
Tel./Fax: (21) 3206-7400
www.intrinseca.com.br

Aos meus netos, tanto aos nascidos quanto aos que ainda vão nascer. Este livro é para vocês (e para todos que o acharem útil).

Você se encontra em uma jornada chamada vida.

Nessa aventura, há muitas coisas com as quais você ainda não deparou, então é impossível saber como será.

Estou próximo do fim dessa jornada, tendo percorrido a maior parte dela com sucesso. Por isso — e por gostar de você — quero mostrar algumas das coisas que o aguardam; quero transmitir alguns princípios que me ajudaram e que acredito também serem capazes de ajudá-lo.

As coisas mais importantes que você precisa carregar ao longo de sua jornada são bons princípios.

Princípios são ferramentas para lidar de maneira eficaz com as realidades que você vai encontrar.

Basicamente, eles são receitas para o sucesso. Todas as pessoas de sucesso têm princípios.

Ao longo de minha jornada, acumulei centenas de princípios, os quais transmito em vários livros.

Foram eles, bem mais que eu, os responsáveis por todo o meu sucesso e por ajudar milhares de pessoas, então creio que também possam fazer isso por você.

Neste pequeno livro, compartilho meus princípios para o sucesso mais fundamentais — assim será possível avaliá-los e descobrir quais funcionam melhor para você.

A não ser que se queira uma vida limitada e guiada por outras pessoas, é preciso decidir sozinho o rumo a tomar e reunir a coragem necessária para isso.

Isso me leva ao meu primeiro e mais importante princípio:

Não podemos conter essa correnteza que nos carrega nem evitar tais encontros.

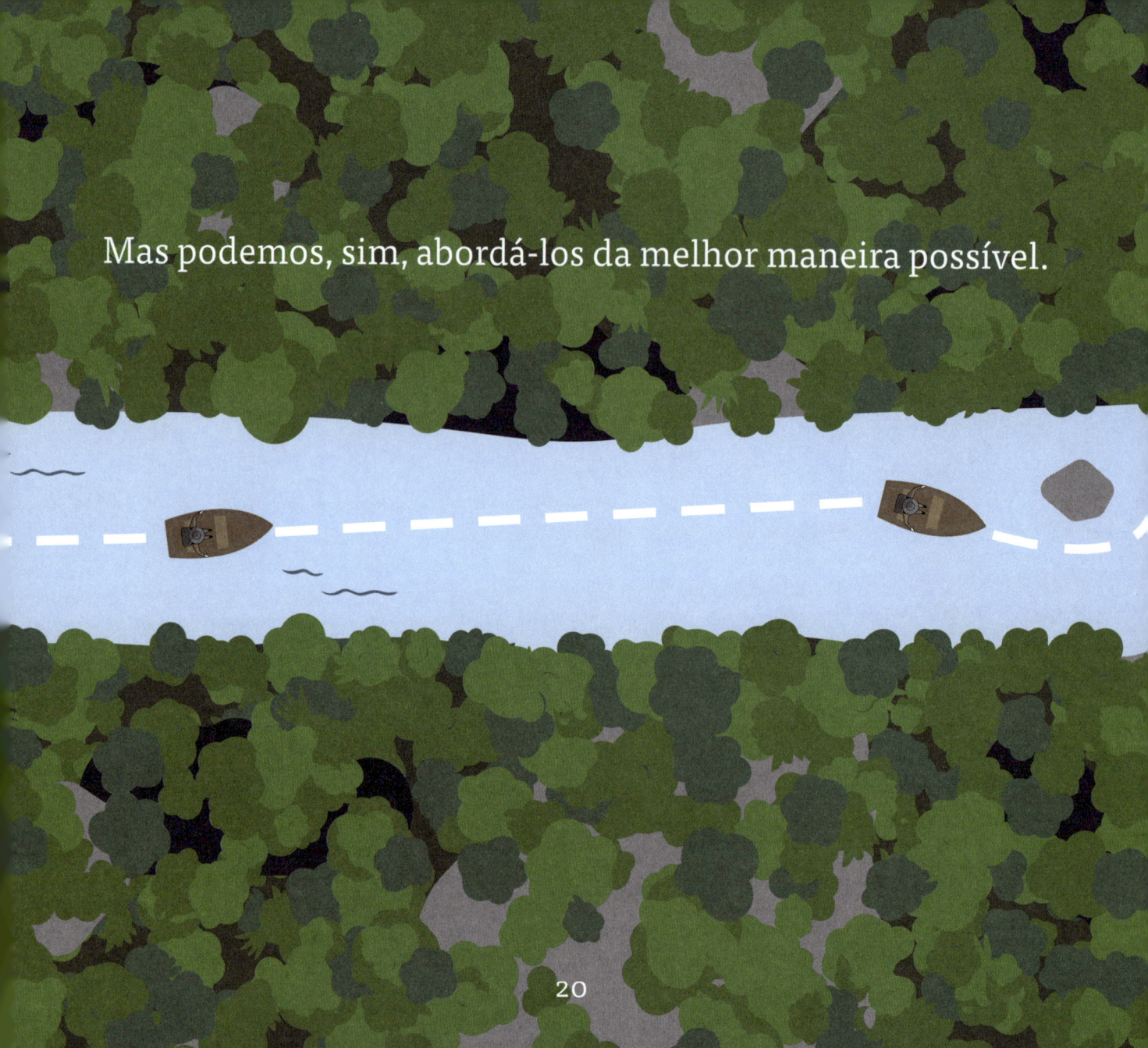

Durante sua vida, haverá milhões de encontros que vão exigir milhões de decisões. A qualidade de seu processo de tomada de decisões determinará a qualidade de sua vida.

Boas decisões darão bons resultados, e decisões ruins vão prejudicá-lo.

Com perspicácia, tais encontros vão lhe ensinar como a realidade funciona, e eu oferecerei a você princípios para lidar bem com suas realidades.

Não nasci com meus princípios. Eu os adquiri durante a vida... sobretudo após cometer erros e refletir sobre eles.

Desde pequeno, eu corria atrás do que eu queria...

... caía...

Toda vez que eu caía, aprendia alguma coisa…

Ao viver isso repetidas vezes, aprendi a amar o processo, até mesmo a parte da queda.

Também aprendi a enxergar os problemas como quebra-cabeças que premiam aqueles que os solucionam.

O quebra-cabeça era "O que eu devo fazer numa situação dessas da próxima vez?", e o prêmio que eu receberia por solucioná-lo era um princípio que me ajudaria no futuro.

E foi assim que obtive meus princípios. Eu os anotei e, ao longo do tempo, os modifiquei.

Recomendo que você faça o mesmo.

Isso me ensinou um dos meus princípios mais fundamentais:

**CONHECER A VERDADE
É ESSENCIAL PARA TOMAR
BOAS DECISÕES**

Digo "conhecer a verdade" no sentido de compreender o funcionamento da realidade. As leis da natureza, sob as quais temos de viver para ter sucesso, não foram uma criação humana, mas, ao compreendê-las, podemos usá-las para alcançar nossos objetivos.

Isso faz de mim um hiper-realista: alguém que aceita a realidade e trabalha bem com ela, em vez de desejar que ela seja diferente e reclamar que as coisas não estão a meu gosto.

E assim chego ao terceiro princípio:

SONHOS + REALIDADE + DETERMINAÇÃO

= UMA VIDA DE SUCESSO

Em outras palavras, se você mantiver o foco em realizar seus sonhos, responsabilizar-se por compreender as realidades que o afetam e lidar bem com elas, e fizer isso com determinação, vai aprender os princípios que resultarão em uma vida de sucesso.

Então, o que é uma vida de sucesso?

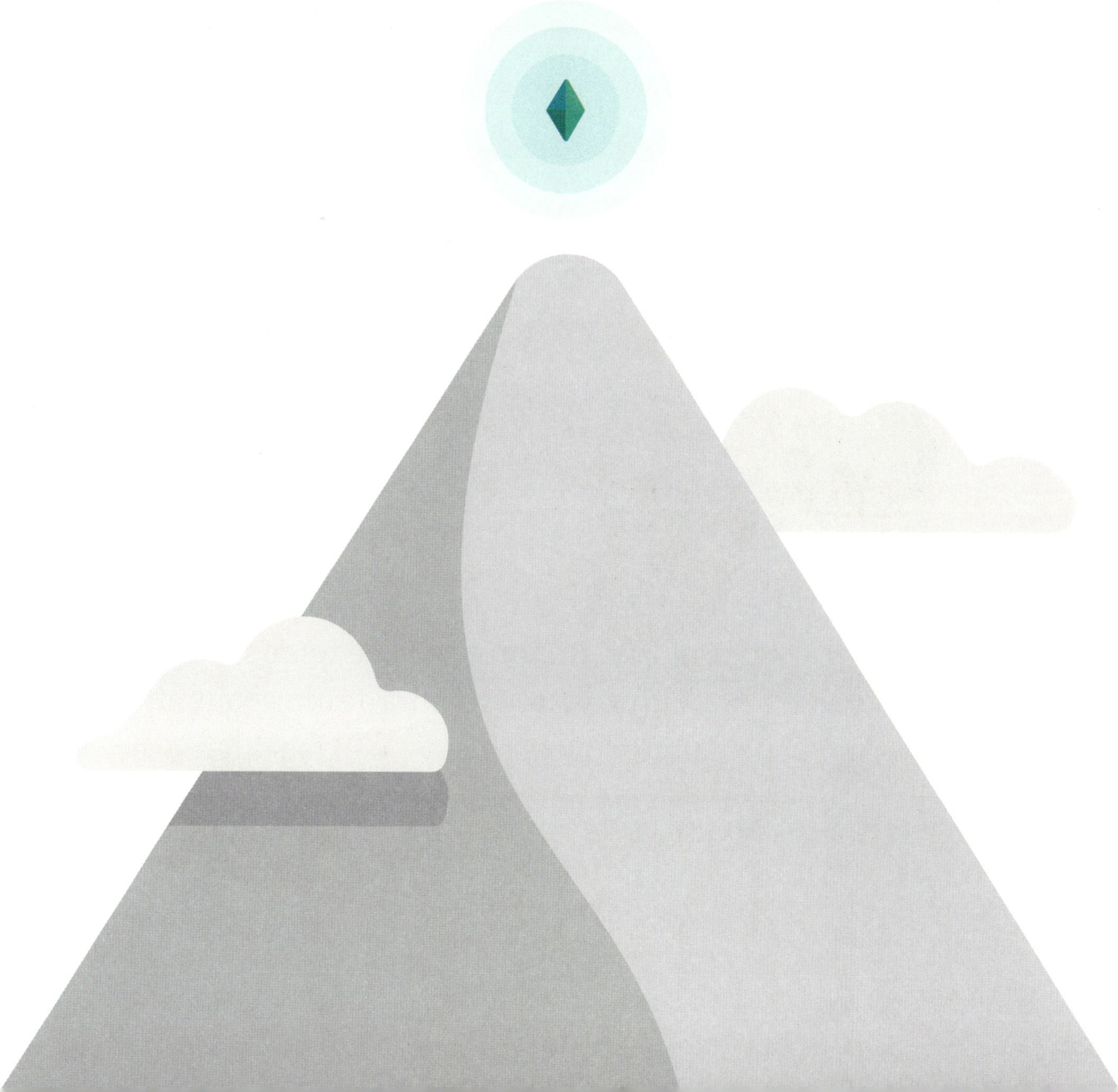

Precisamos decidir qual é a nossa definição de sucesso. Não importa se você quer ser o dono do mundo ou viver à sombra de uma palmeira... ou qualquer outra coisa — não faz diferença.

O que você deseja fica a seu critério. Eu desejo só que você seja feliz e tenha saúde, com uma evolução pessoal notável.

Contudo, seja lá qual for o caminho escolhido, você precisa aceitar suas realidades...

... especialmente aquelas que você gostaria que não fossem verdade.

No início, meus problemas, erros e pontos fracos me causaram muita dor, sobretudo porque eu estava paralisado, negando sua existência.

Após um tempo, aprendi que essas dores eram sinais de que eu precisava refletir sobre minhas realidades e sobre a melhor maneira de lidar com elas.

PONTOS FRACOS

ERROS

PROBLEMAS

Foi quando aprendi:

**DOR
+
REFLEXÃO
=
PROGRESSO**

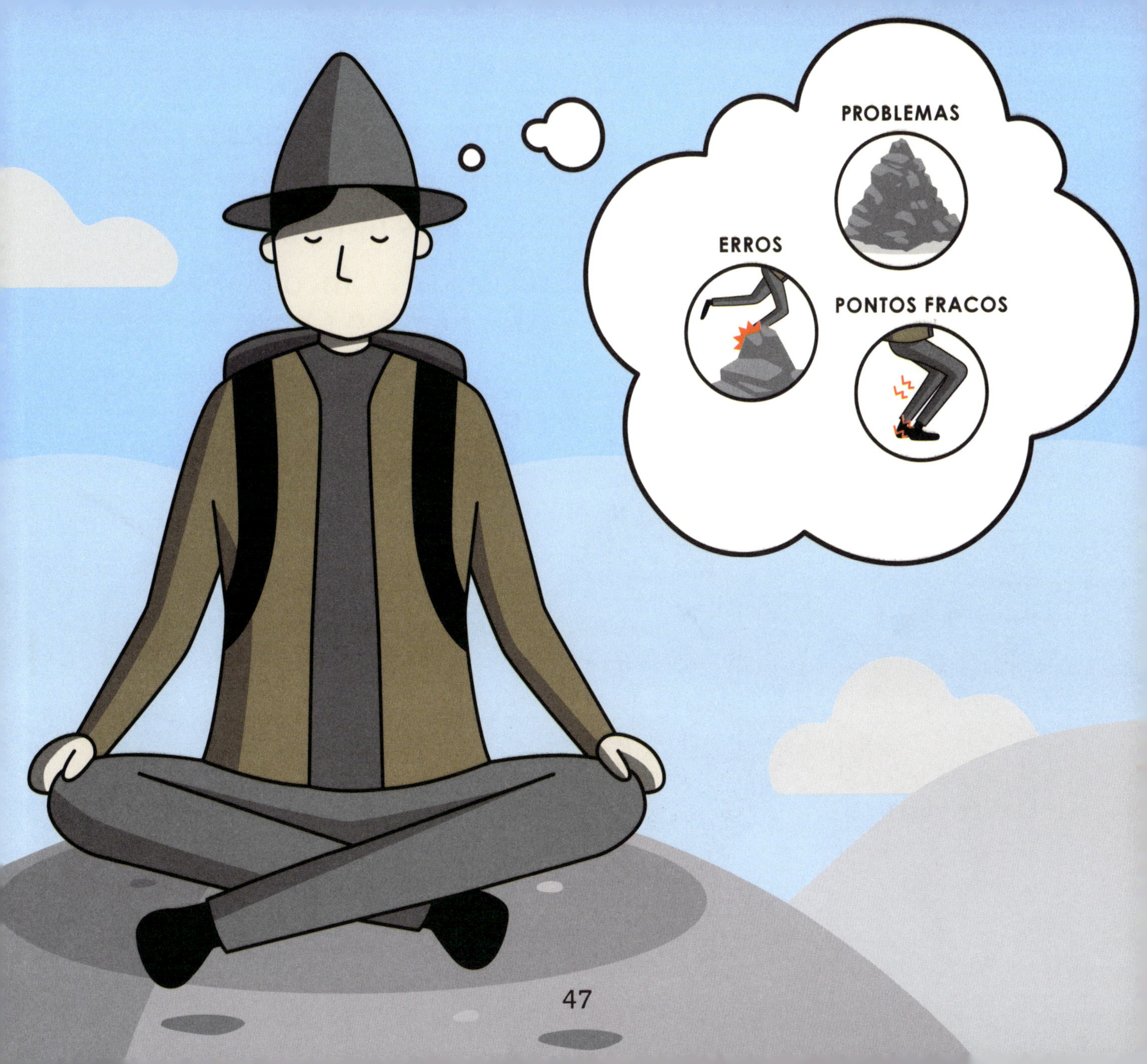
PROBLEMAS
ERROS
PONTOS FRACOS

Descobrir essas coisas me permitiu enxergar que, para ser bem-sucedido, basta seguir o Processo de Cinco Etapas.

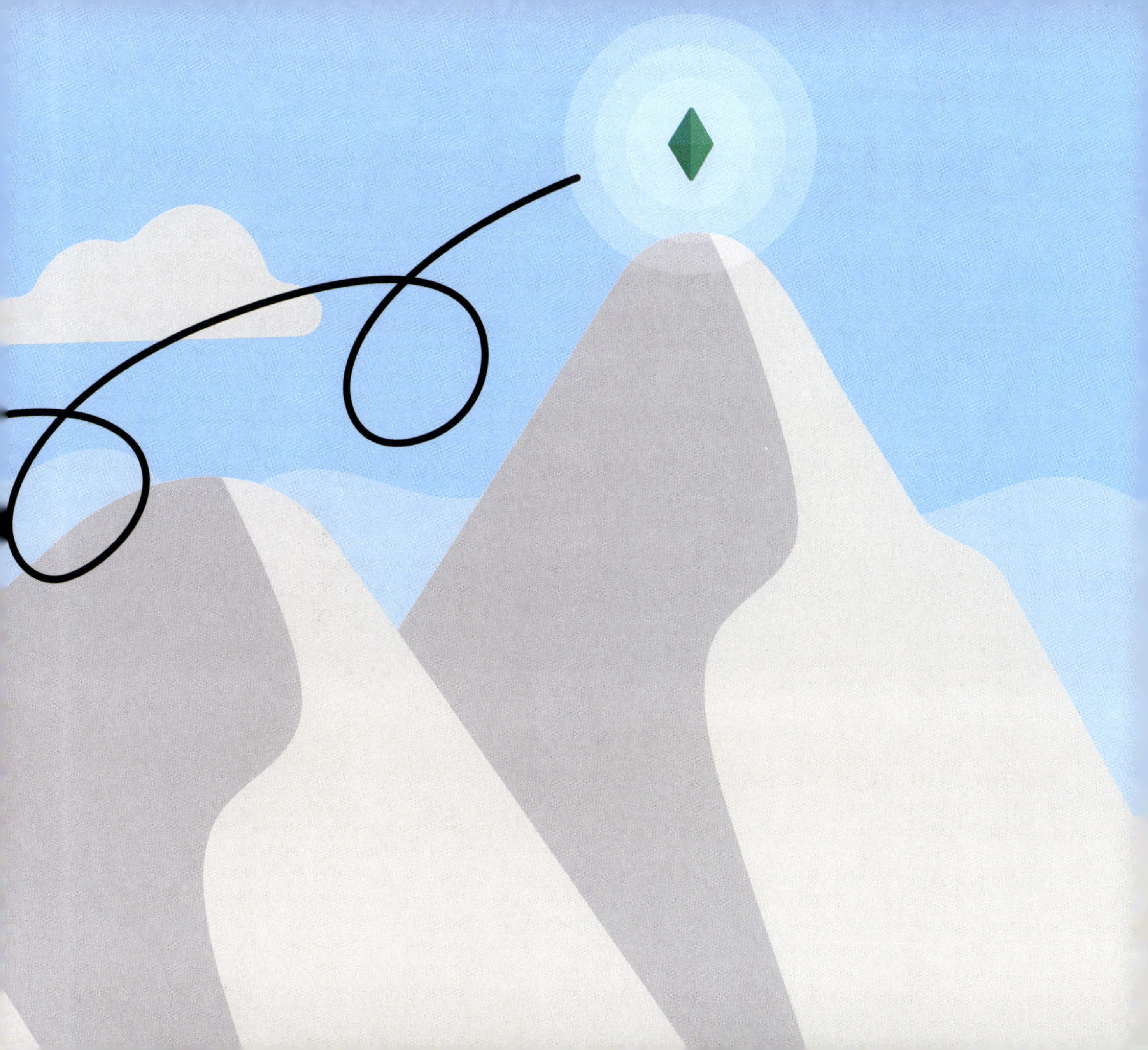

1ª ETAPA
OBJETIVOS

A Primeira Etapa é saber quais são seus objetivos e correr atrás deles. Você pode conseguir praticamente qualquer coisa que quiser, mas não tudo, então será necessário decidir quais são suas prioridades. O melhor para você depende de suas paixões, seus pontos fortes e fracos, então é preciso que conheça a si mesmo e aprenda a alinhar seus objetivos ao seu jeito, para que determine sua trajetória de vida. Existem caminhos maravilhosos disponíveis. Basta encontrá-los por meio de reflexão, do aprendizado baseado em tentativa e erro e da determinação em avançar rumo a seus objetivos.

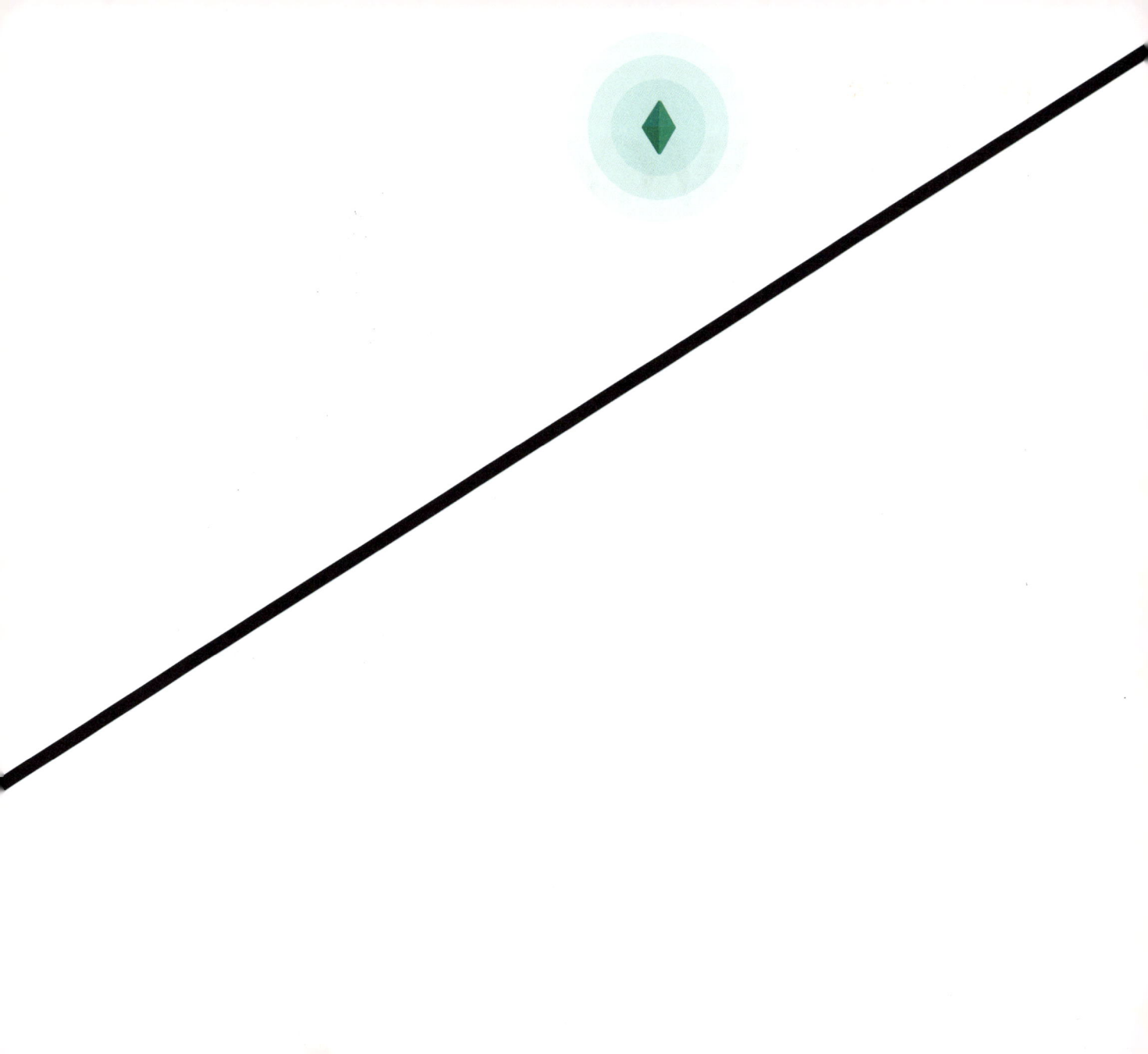

2ª ETAPA
PROBLEMAS

A Segunda Etapa é descobrir quais são os problemas no caminho rumo à realização de seus objetivos. Sempre há problemas, e eles em geral causam dor. Para evoluir, identifique esses problemas e não os tolere.

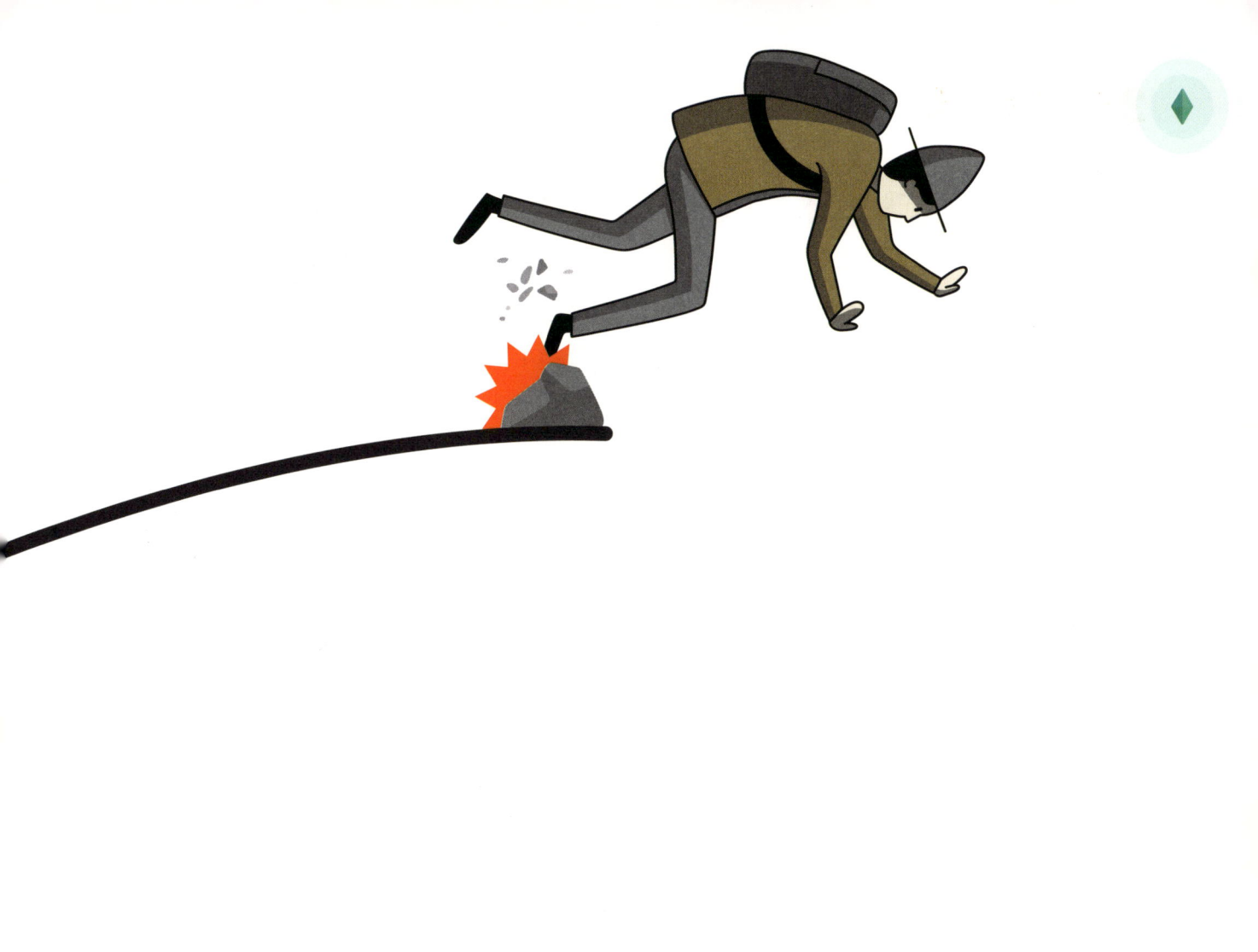

3ª ETAPA
DIAGNÓSTICO

A Terceira Etapa consiste em diagnosticar os problemas para chegar a suas raízes. Às vezes a causa é um ponto fraco seu ou de outros; cogite essa possibilidade. Lembre-se de que essa jornada evolucionária exige que você descubra o que não está sendo bem realizado para então alterá-lo. Seja o que for, é necessário descobrir as raízes de seus problemas e encontrar meios de contorná-los.

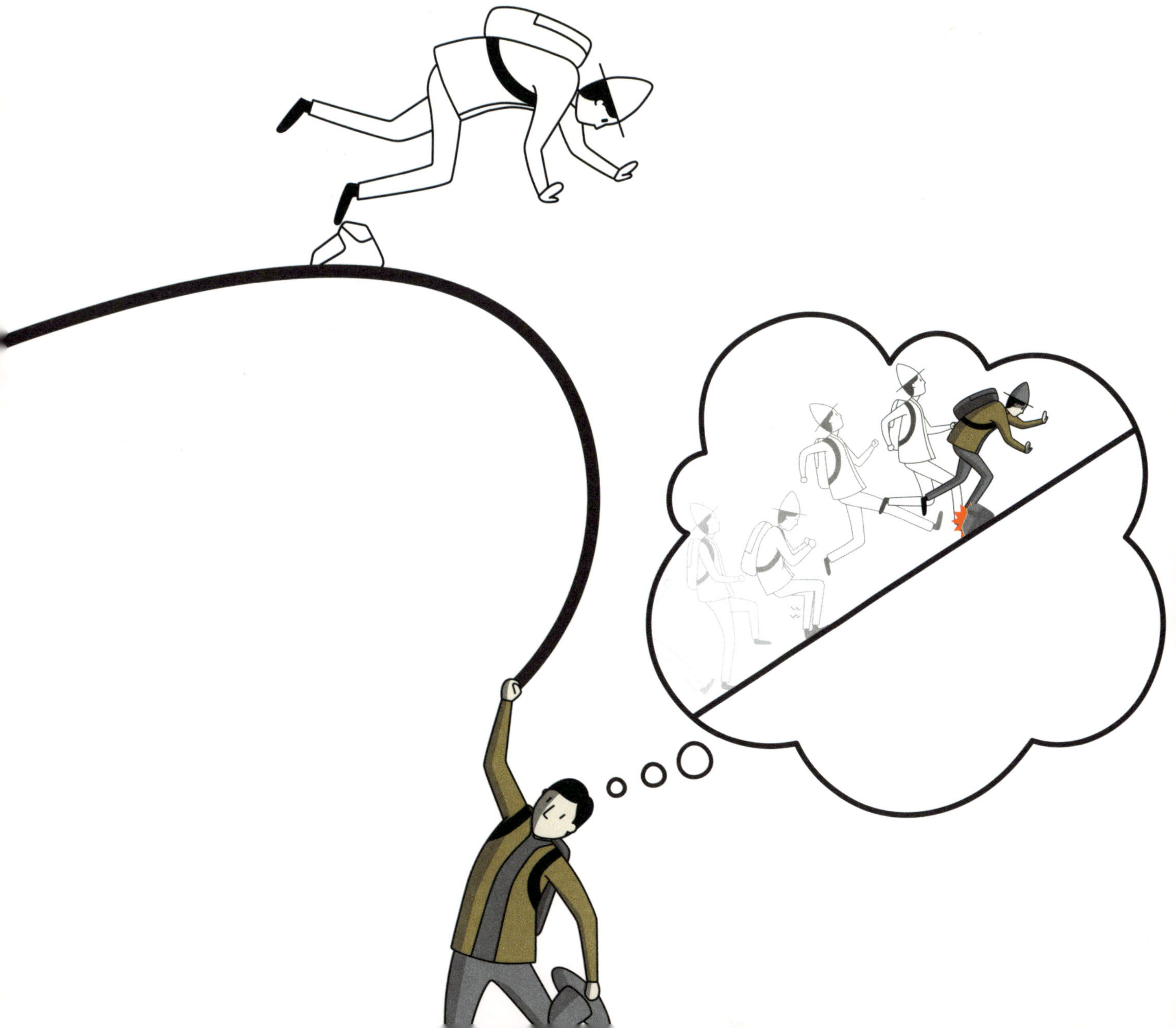

4ª ETAPA
PROJETO

A Quarta Etapa é projetar planos para contornar os problemas que bloqueiam o seu progresso.

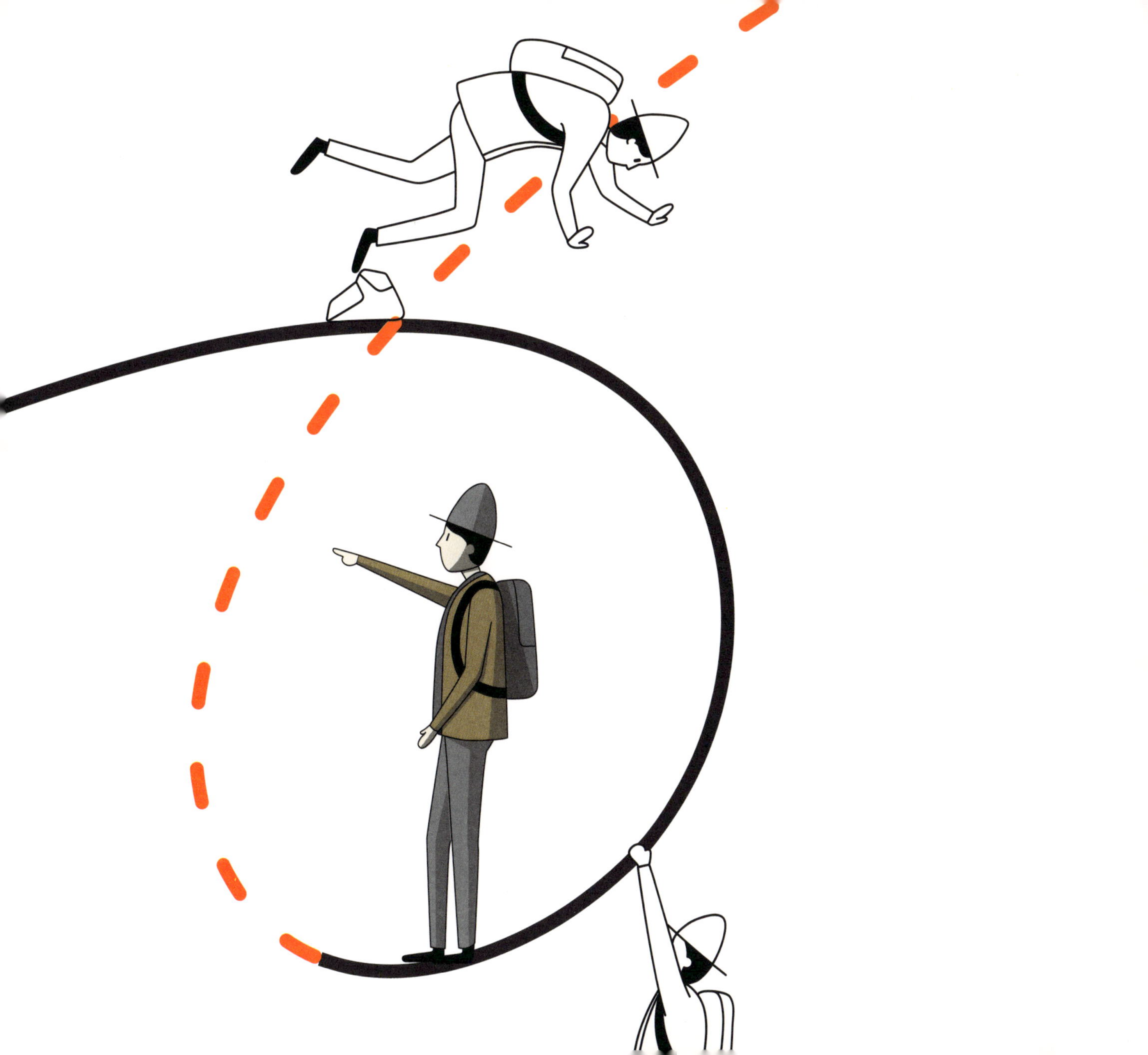

5ª ETAPA
FAZER

A Quinta Etapa envolve executar os projetos, dedicando-se a fazer o que for necessário.

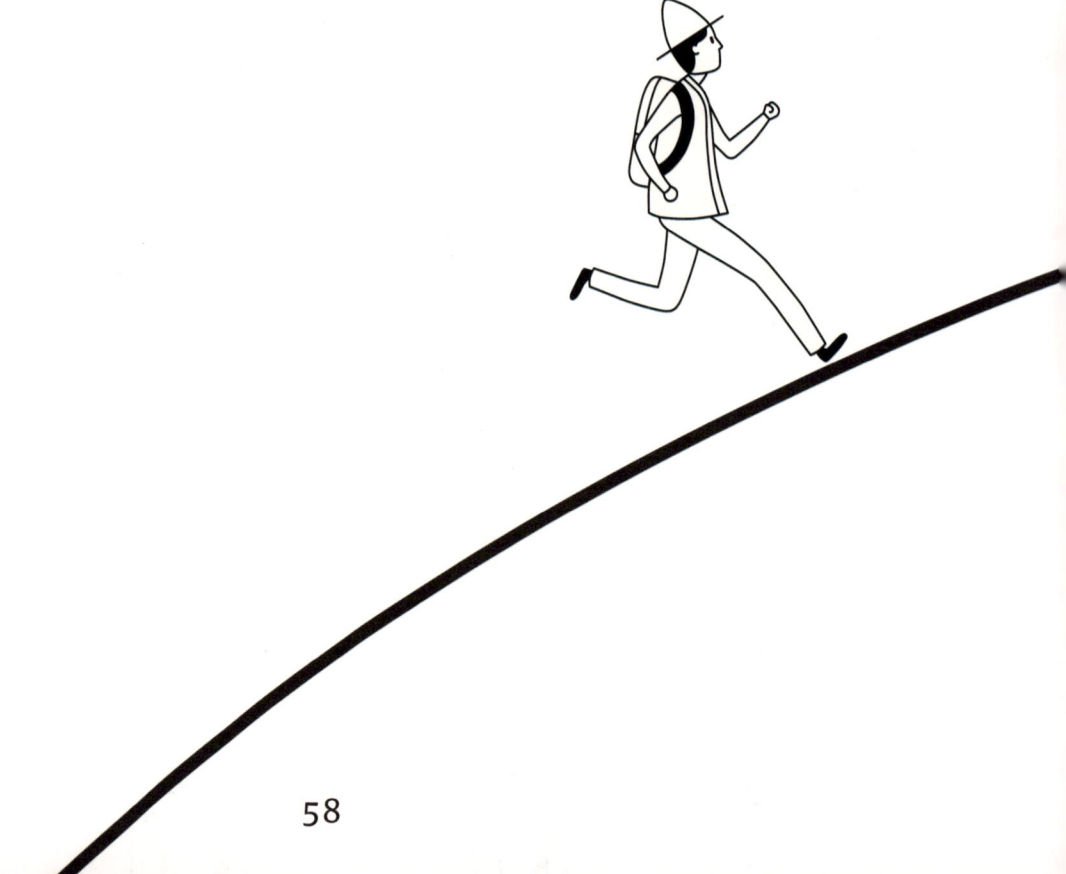

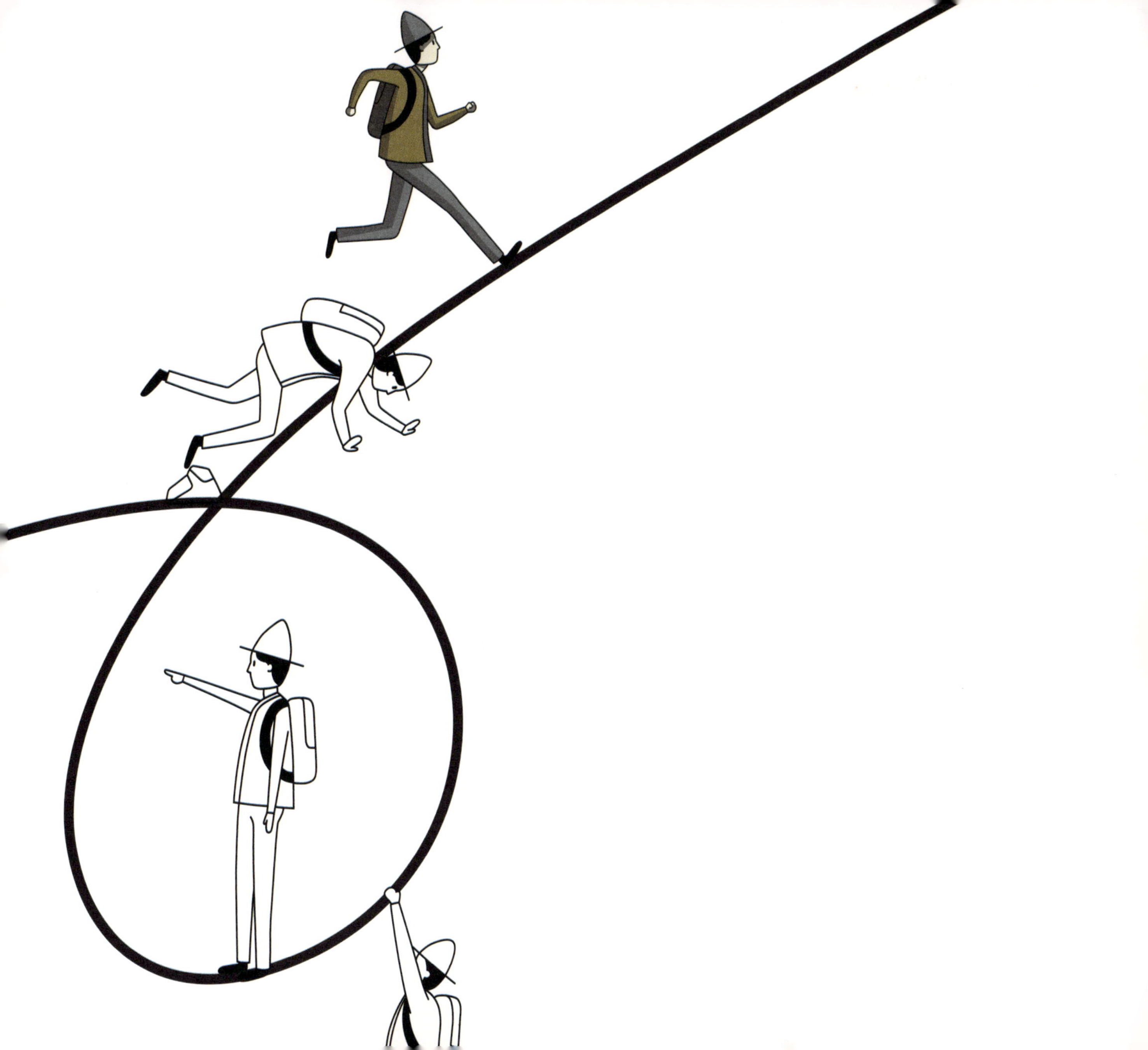

Uma vida de sucesso consiste em seguir essas cinco etapas repetidamente. Efetuá-las bem vai, de forma natural, criar os altos e baixos e melhorias que conduzem sua evolução pessoal a níveis de sucesso mais elevados. Para mim, evolução tem a seguinte aparência:

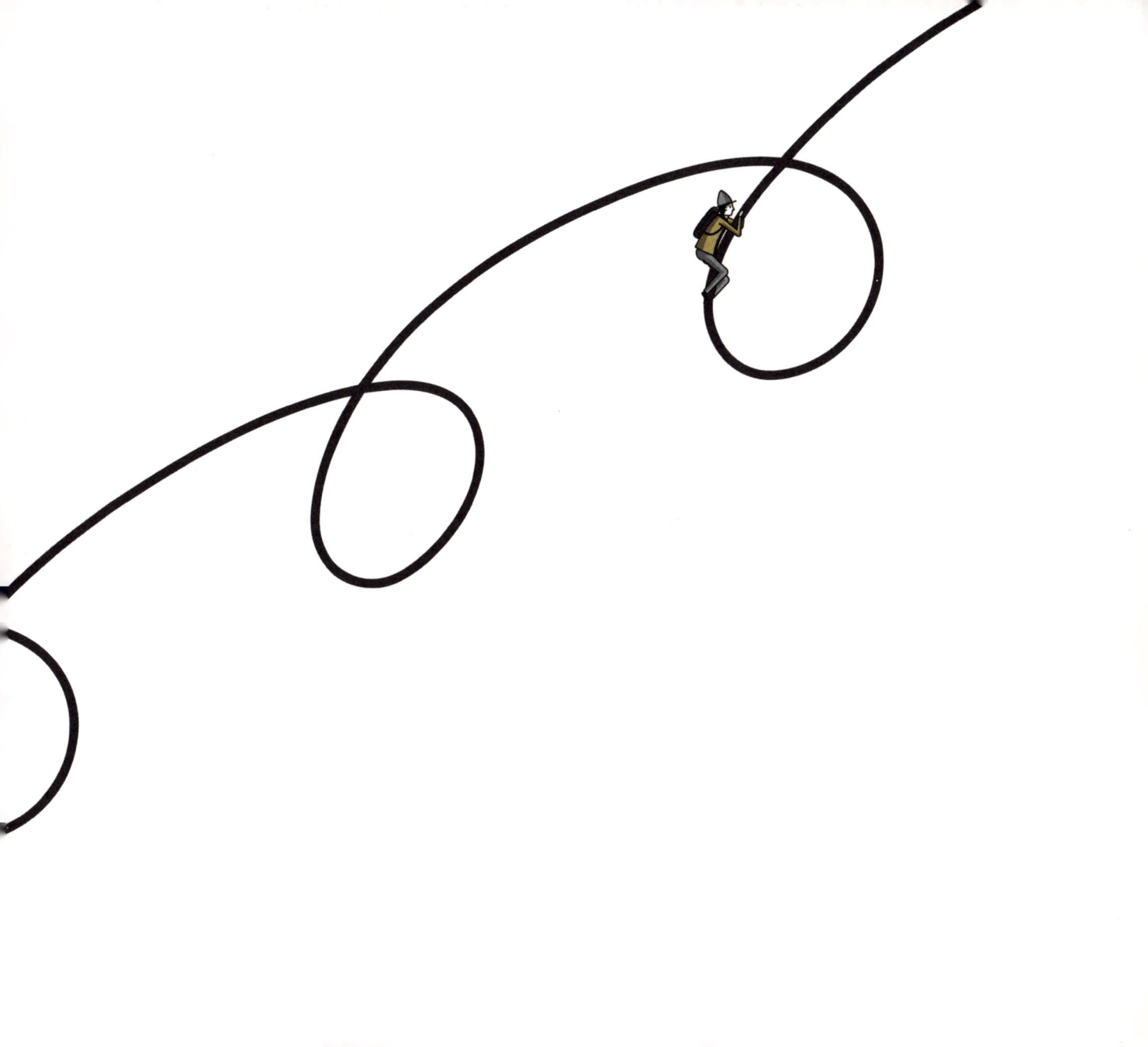

O Processo de Cinco Etapas está presente em tudo: produtos, organizações, pessoas.

Não é nada mais do que uma lei da natureza.

A evolução é simplesmente um processo de se adaptar ou morrer.

1 OBJETIVOS

5 FAZER

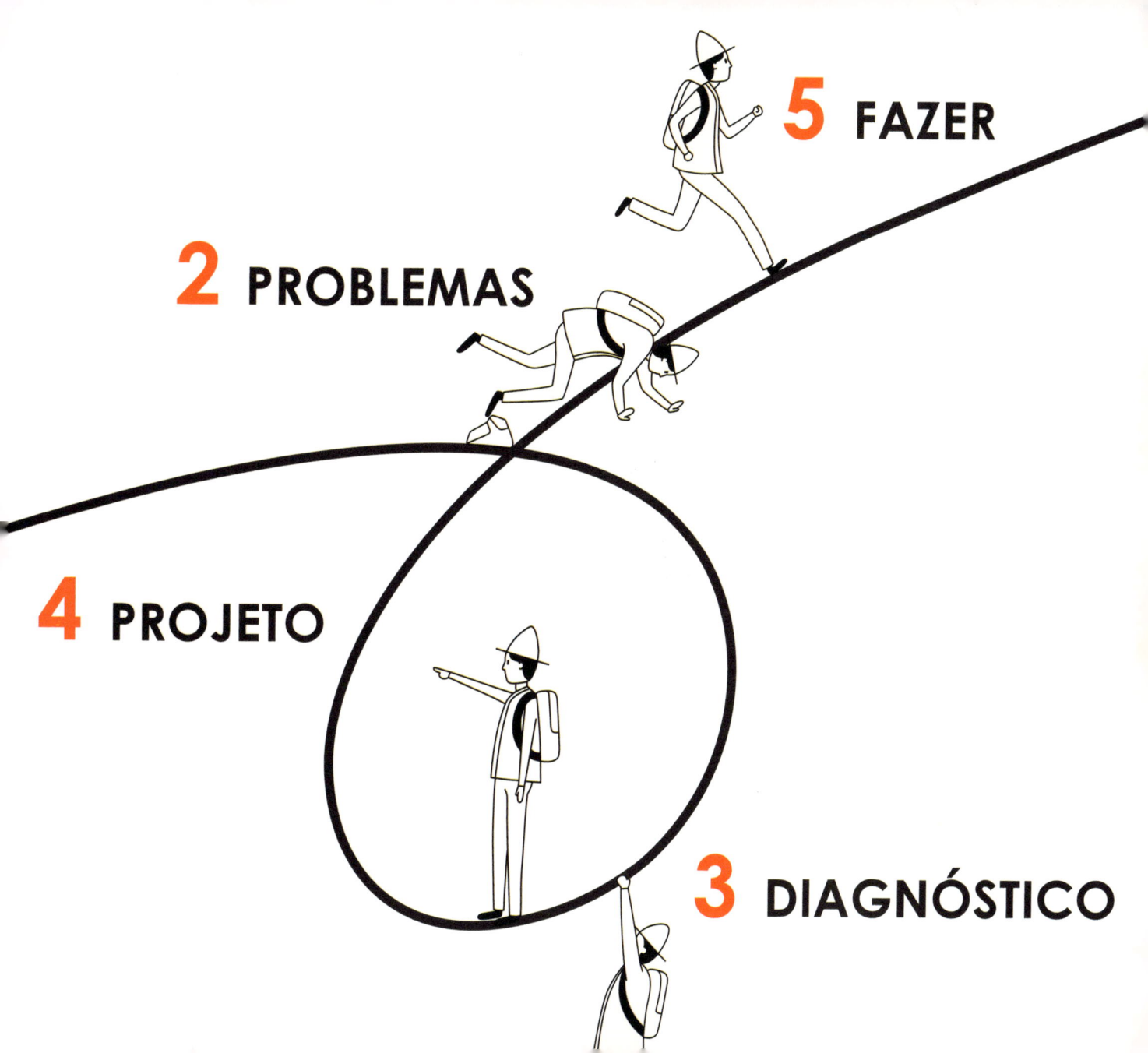

2 PROBLEMAS

4 PROJETO

3 DIAGNÓSTICO

Conforme avança nesse processo, você ascenderá a níveis mais altos de sucesso — o que traz também desafios maiores.

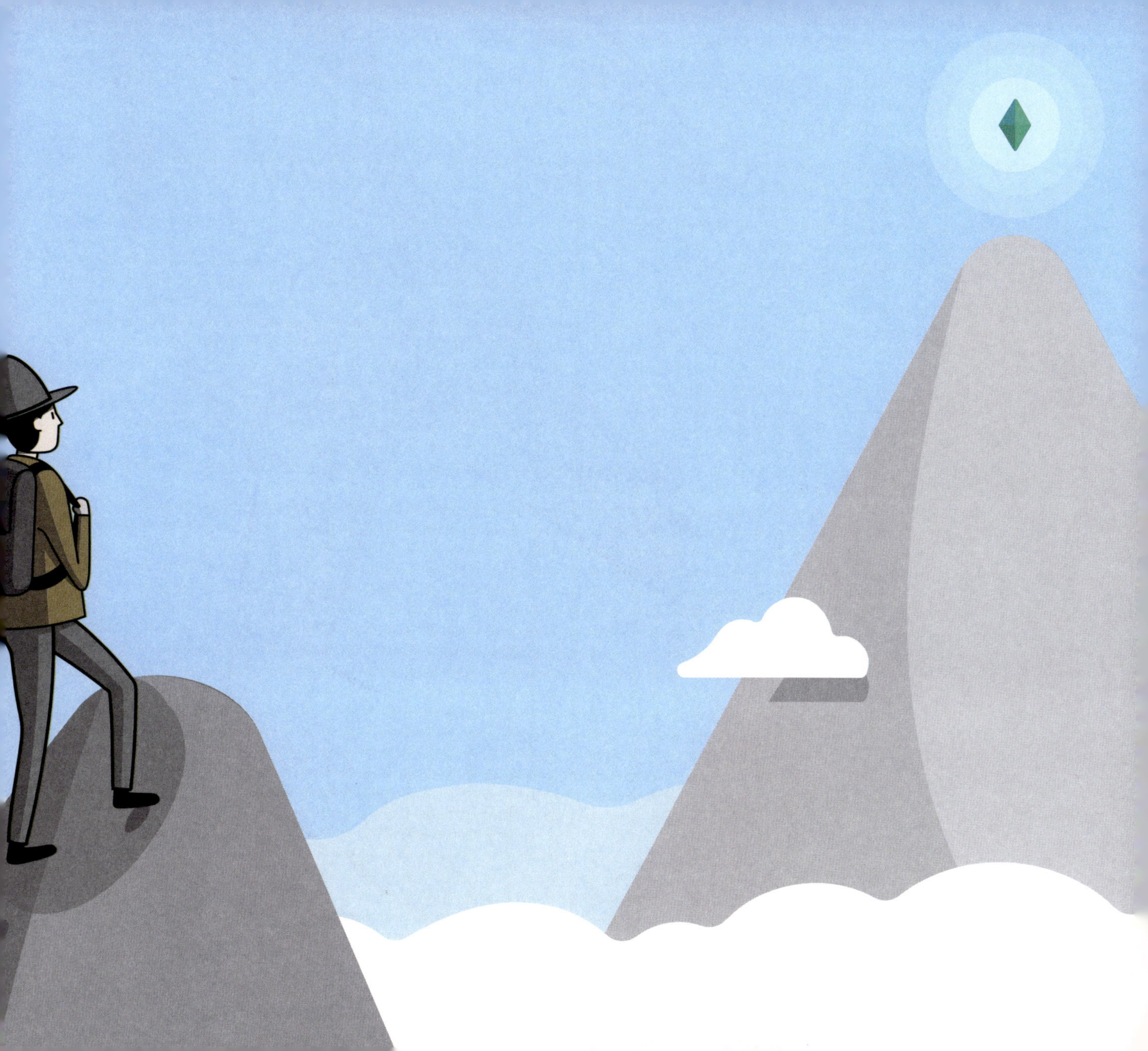

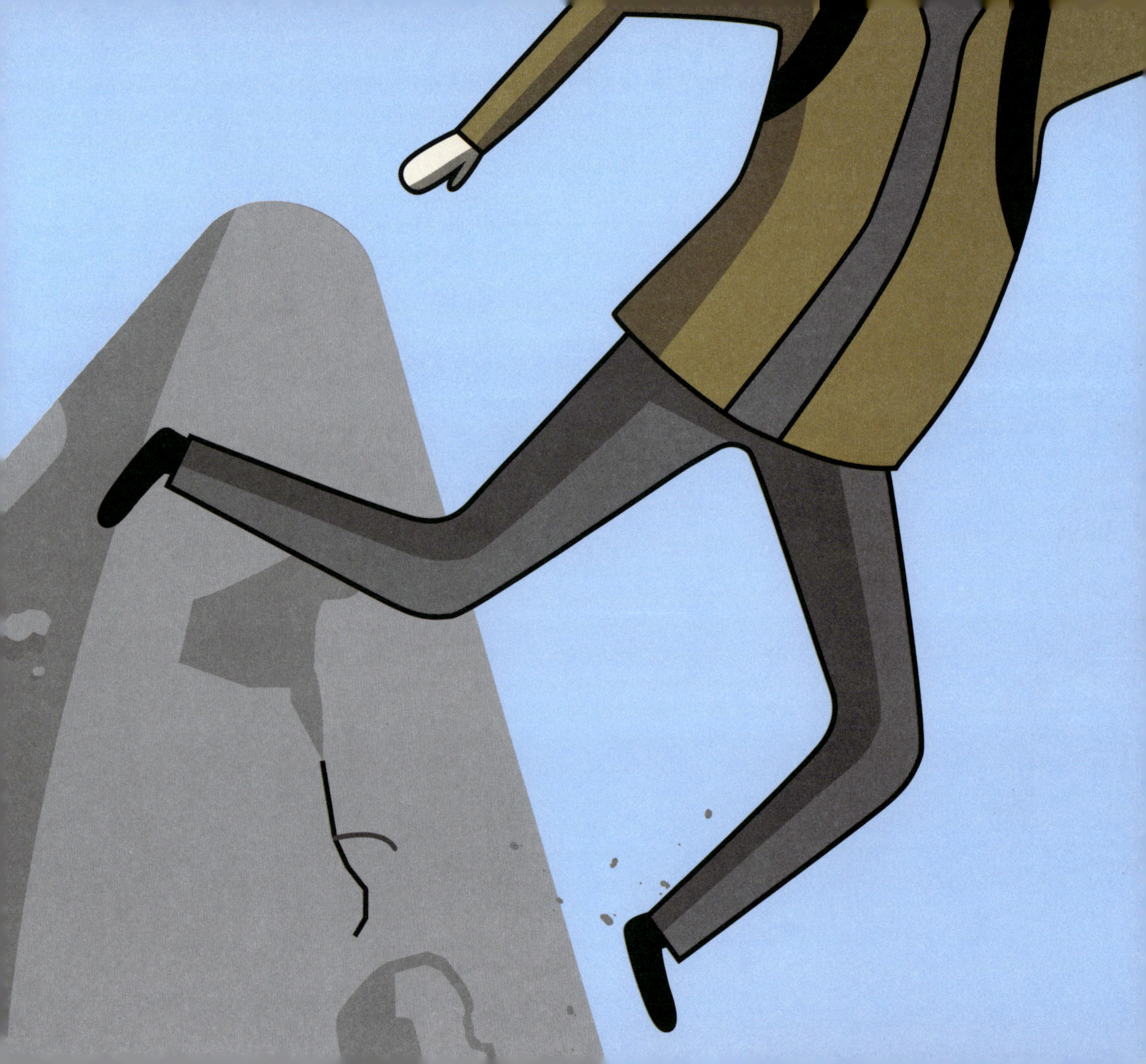

E quanto maior a altura, claro,
maior será a queda.

Coisas horríveis acontecem com todos nós. Dependendo de como reagimos, elas podem nos arruinar... ou podem nos levar a um grande aperfeiçoamento.

Dar a volta por cima ou despencar ladeira abaixo depende de nossa disposição para encarar os fracassos com objetividade e fazer as escolhas certas.

Meu grande fracasso aconteceu em 1982, quando apostei tudo em uma recessão que não chegou a acontecer.

Os mercados estavam muito turbulentos, e eu acreditava que a economia dos Estados Unidos (e a economia mundial ligada a ele) se encaminhava para uma crise.

Era uma visão extremamente controversa. Corri um grande risco publicamente... e eu estava totalmente errado. A economia norte-americana desfrutou um dos maiores períodos de crescimento da história.

Perder essa aposta foi como levar um golpe com um taco de beisebol na cabeça. Precisei pedir 4 mil dólares emprestados a meu pai para pagar minhas contas...

... para piorar, fui obrigado a demitir pessoas de quem eu gostava, e minha empresa acabou ficando com apenas um empregado: eu.

Me questionei sobre o que fazer. Deveria começar a bater cartão e desistir do sonho de ser meu próprio chefe?

Estar errado dessa forma — e com tanta exposição pública — foi uma dolorosa lição de humildade.

Deixei uma aposta ruim apagar todas as boas que eu havia feito. E eu não conseguia enxergar um caminho sem riscos inaceitáveis e que me desse as recompensas desejadas.

RECOMPENSA

RISCO

Algo assim vai acontecer com você. Você vai perder algo que considera essencial para sua vida, vai sofrer uma doença ou lesão terrível, ou sua carreira vai desmoronar diante dos seus olhos.

Talvez você acabe acreditando que sua vida está arruinada e que não há como seguir em frente...

Mas vai passar...

Sempre há um caminho melhor à frente, embora talvez não seja possível enxergá-lo no momento.

Você precisa apenas se acalmar e refletir sobre como encontrá-lo...

...e então aceitar sua realidade e lidar bem com ela.

Minha dor me fez refletir sobre o funcionamento das coisas, o que ajudou a colocar tudo em perspectiva.

Percebi que os acontecimentos resultam de suas causas — e todos os acontecimentos geram outros acontecimentos, então a realidade opera pela eternidade como uma máquina de movimento perpétuo.

Isso é uma verdade.

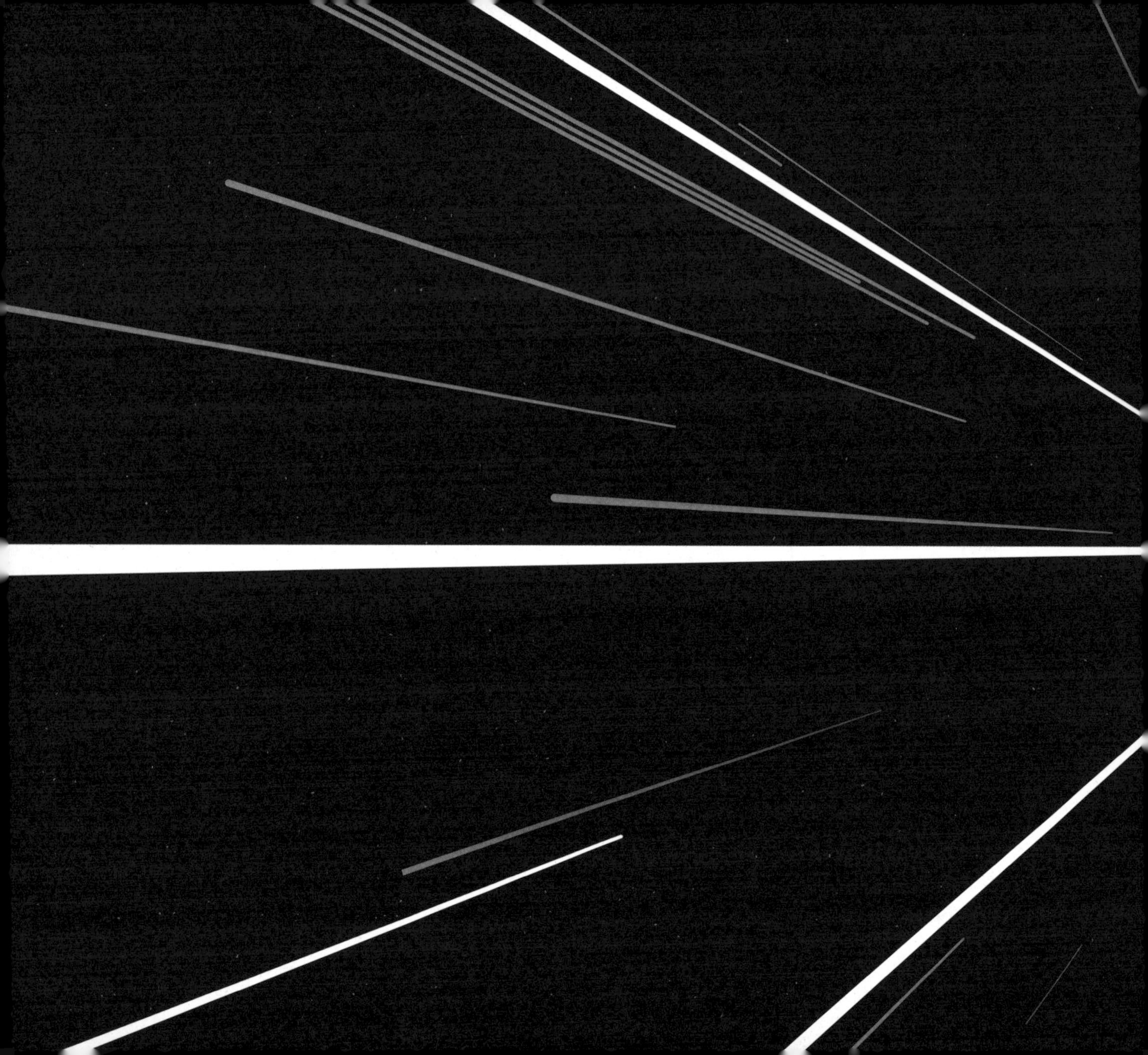

No Big Bang, todas as leis e forças do Universo foram impulsionadas, interagindo como um moto-perpétuo em que todas as partes e peças formam máquinas que funcionam por um tempo, se separam e então formam novas máquinas.

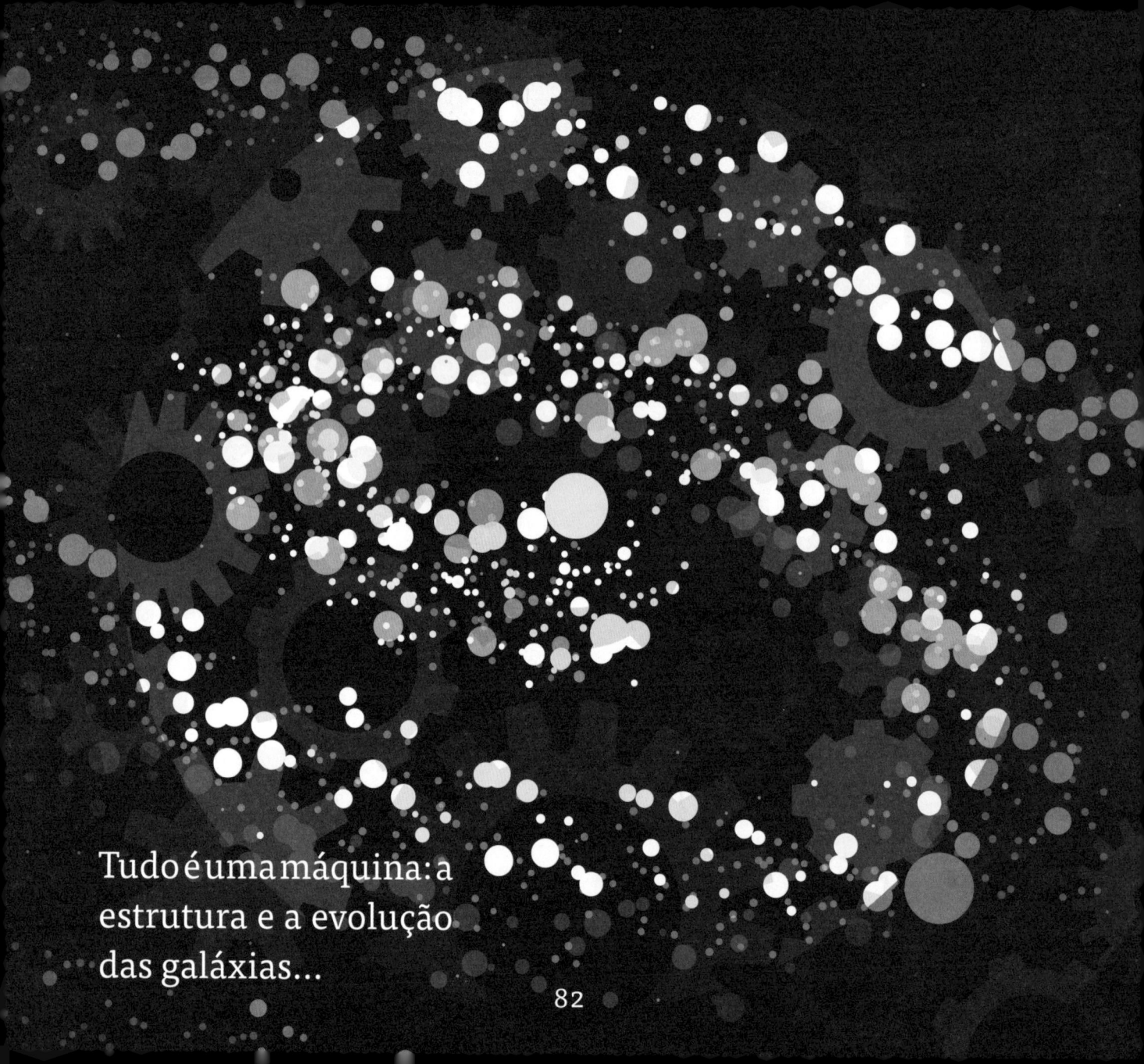

Tudo é uma máquina: a
estrutura e a evolução
das galáxias...

... a formação de nosso sistema solar, a constituição da geografia e dos ecossistemas da Terra...

... nossas economias e mercados...

... e cada um de nós.

Somos máquinas constituídas de máquinas — nosso sistema circulatório, nervoso etc. — que produzem nossos pensamentos, sonhos, emoções e tudo o mais.

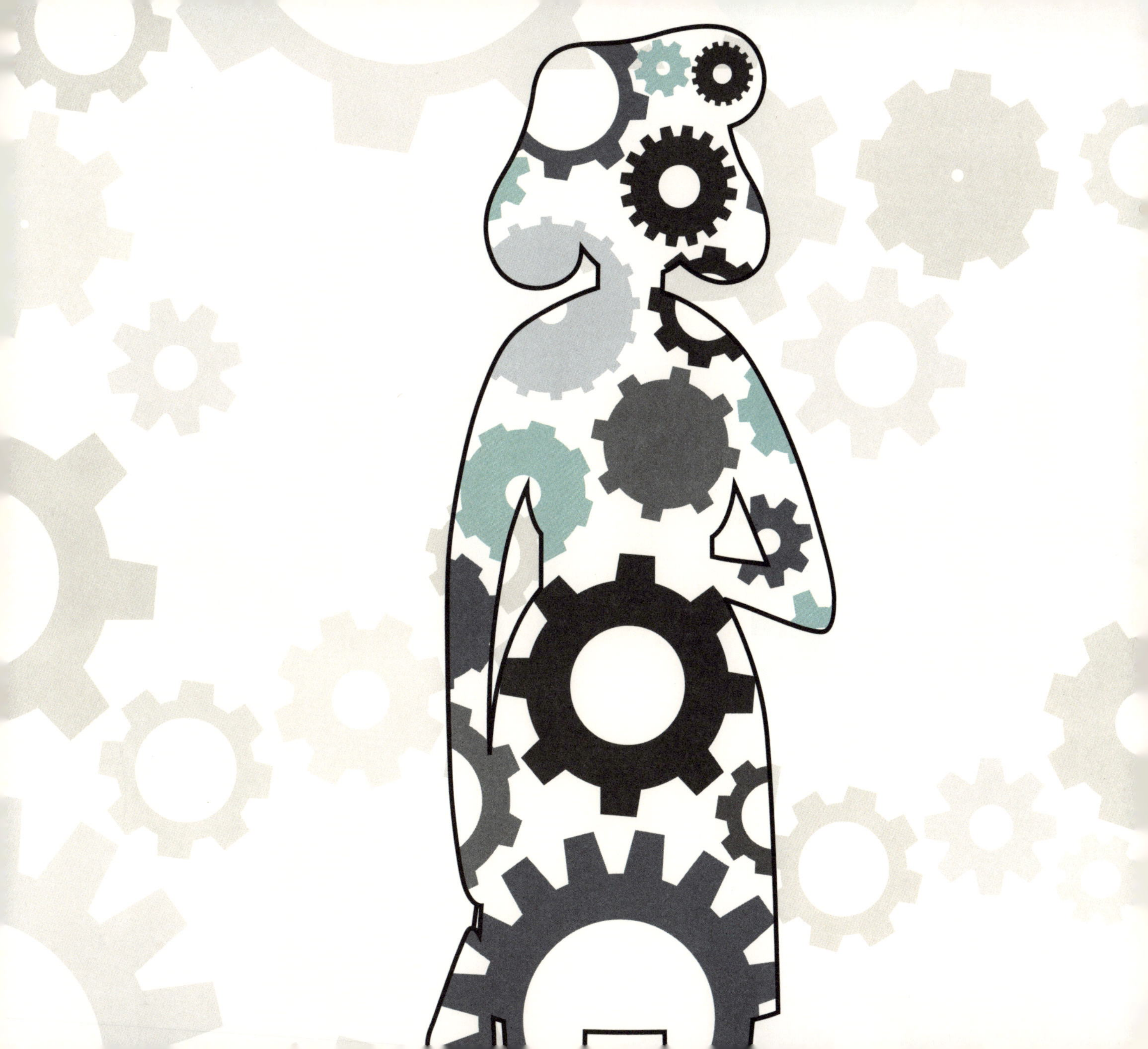

Todas essas máquinas evoluem em conjunto para produzir as realidades que encontramos diariamente.

Pode soar um tanto filosófico, mas considero isso prático, porque coloca as coisas em perspectiva, o que me ajudou a lidar melhor com minhas realidades.

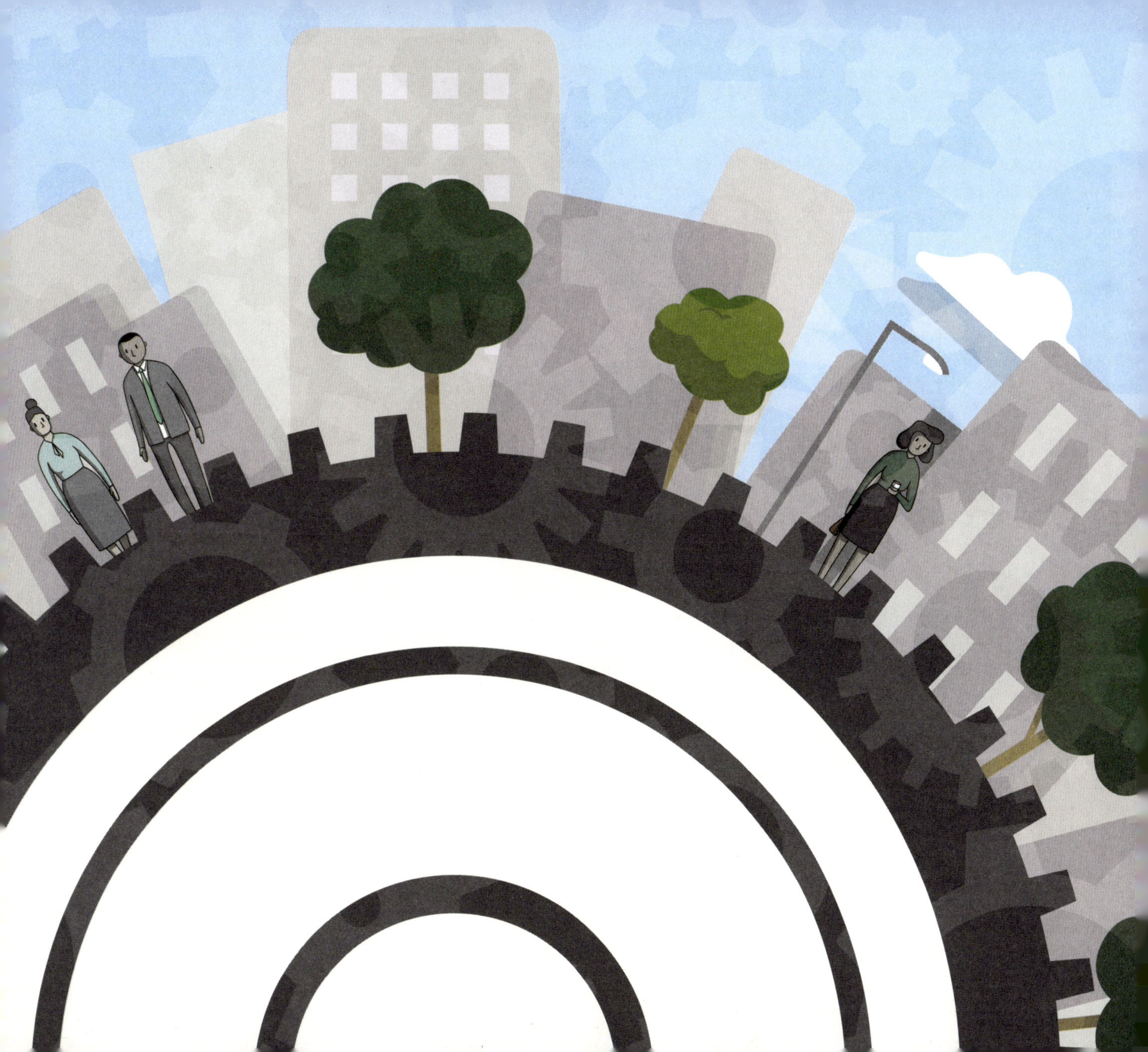

Reparei que tudo acontece repetidamente, mas de maneiras um pouco diferentes — algumas situações têm ciclos de curta duração, e assim são fáceis de detectar (como as 24 horas de um dia)...

... e há aquelas tão raras a ponto de ainda não terem ocorrido durante nosso tempo de vida e nos deixarem chocados quando ocorrem (coisas como "a maior tempestade do século").

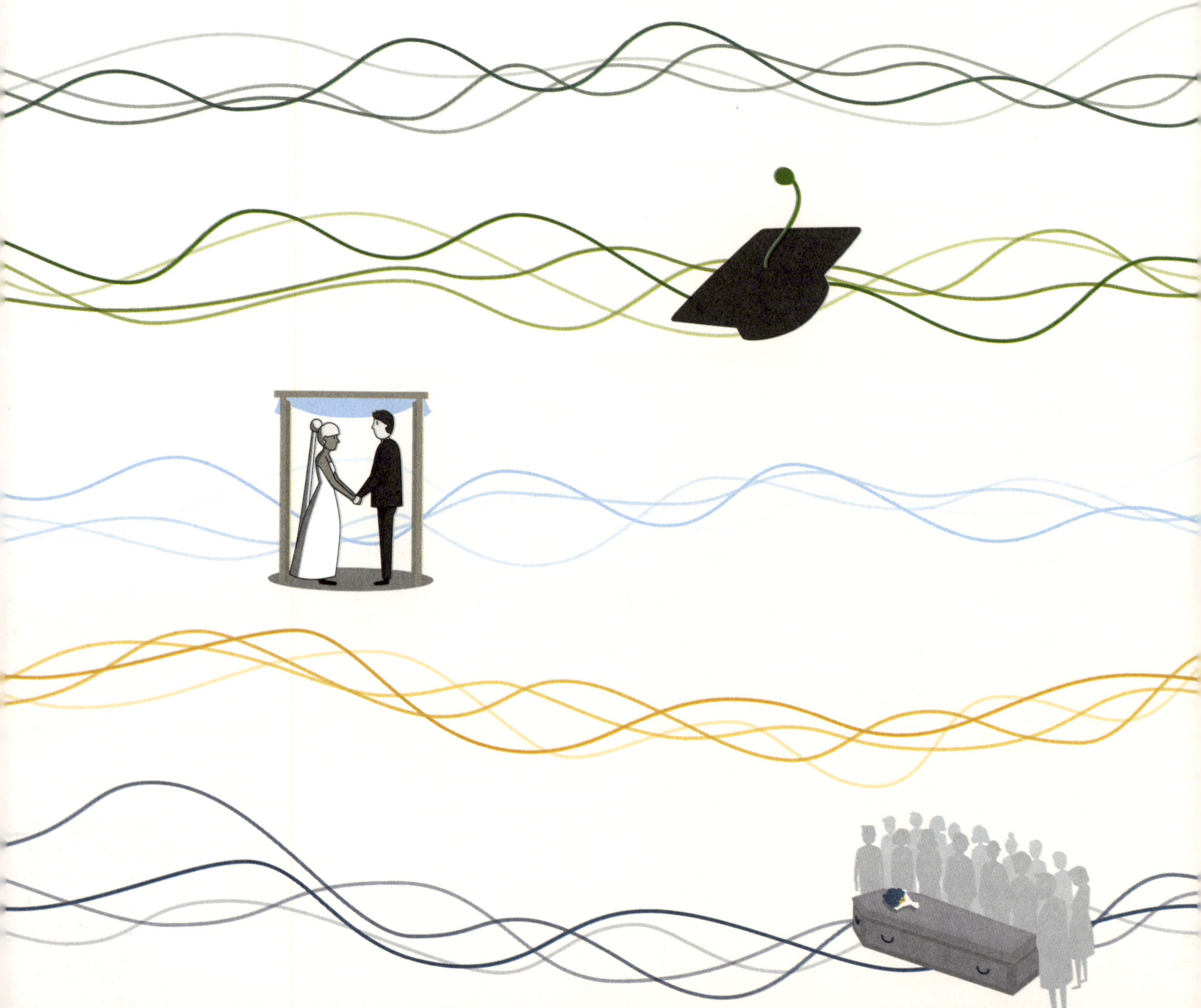

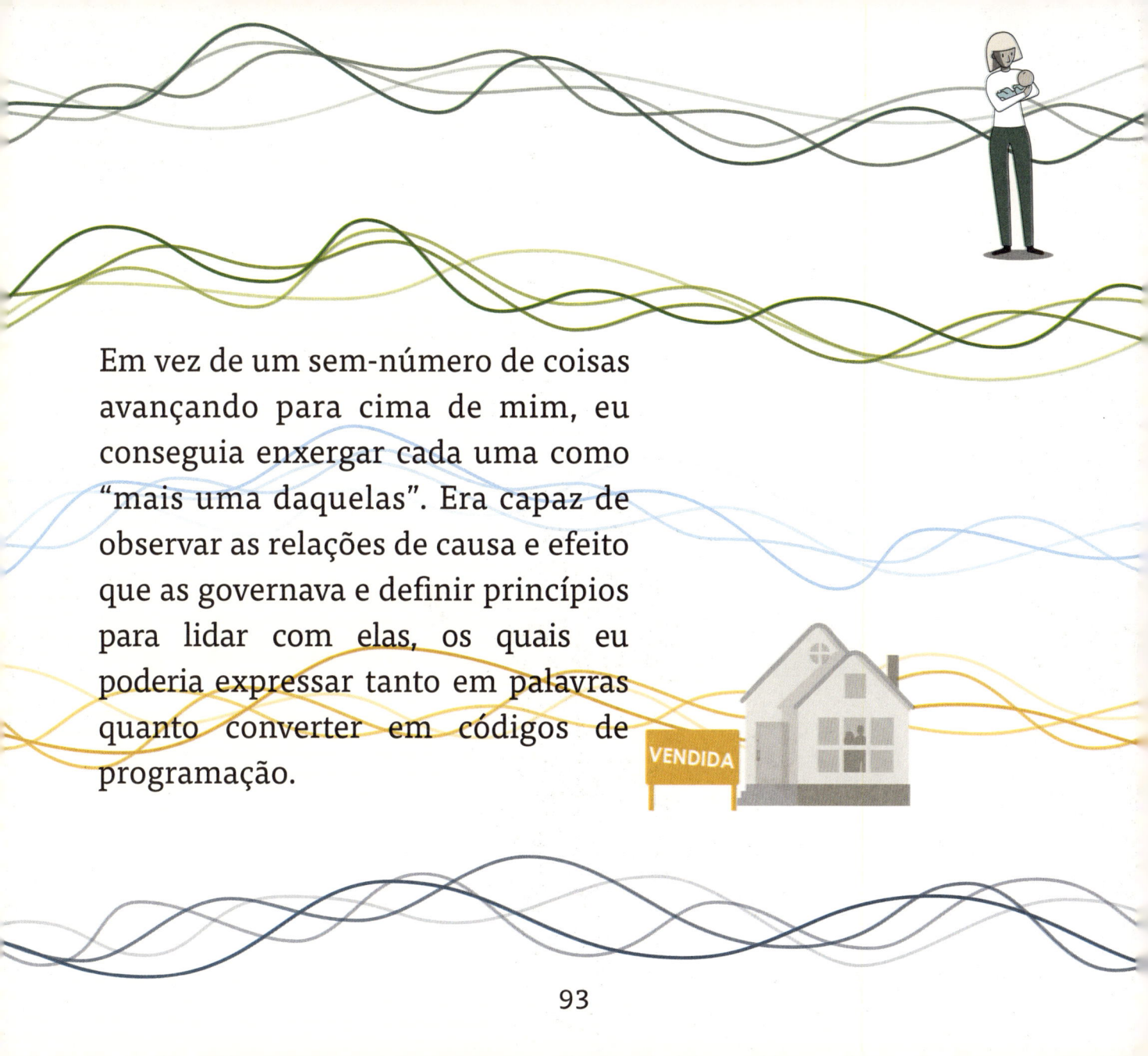

Em vez de um sem-número de coisas avançando para cima de mim, eu conseguia enxergar cada uma como "mais uma daquelas". Era capaz de observar as relações de causa e efeito que as governava e definir princípios para lidar com elas, os quais eu poderia expressar tanto em palavras quanto converter em códigos de programação.

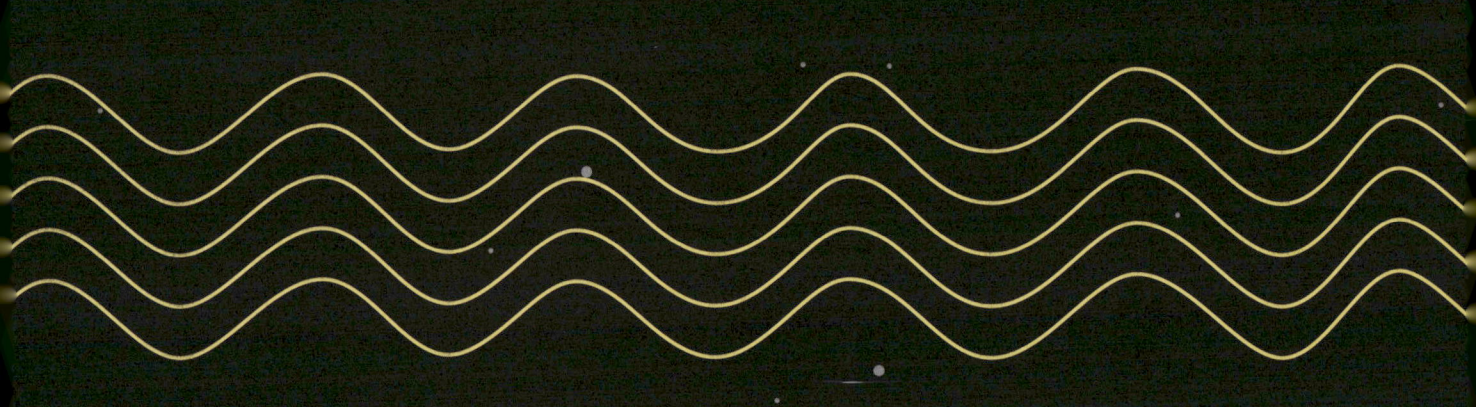

Reparei que as pessoas são influenciadas pela história recente e negligenciam acontecimentos que não ocorrem há muito tempo, principalmente se não os vivenciaram.

Mas eles vão ocorrer de novo.

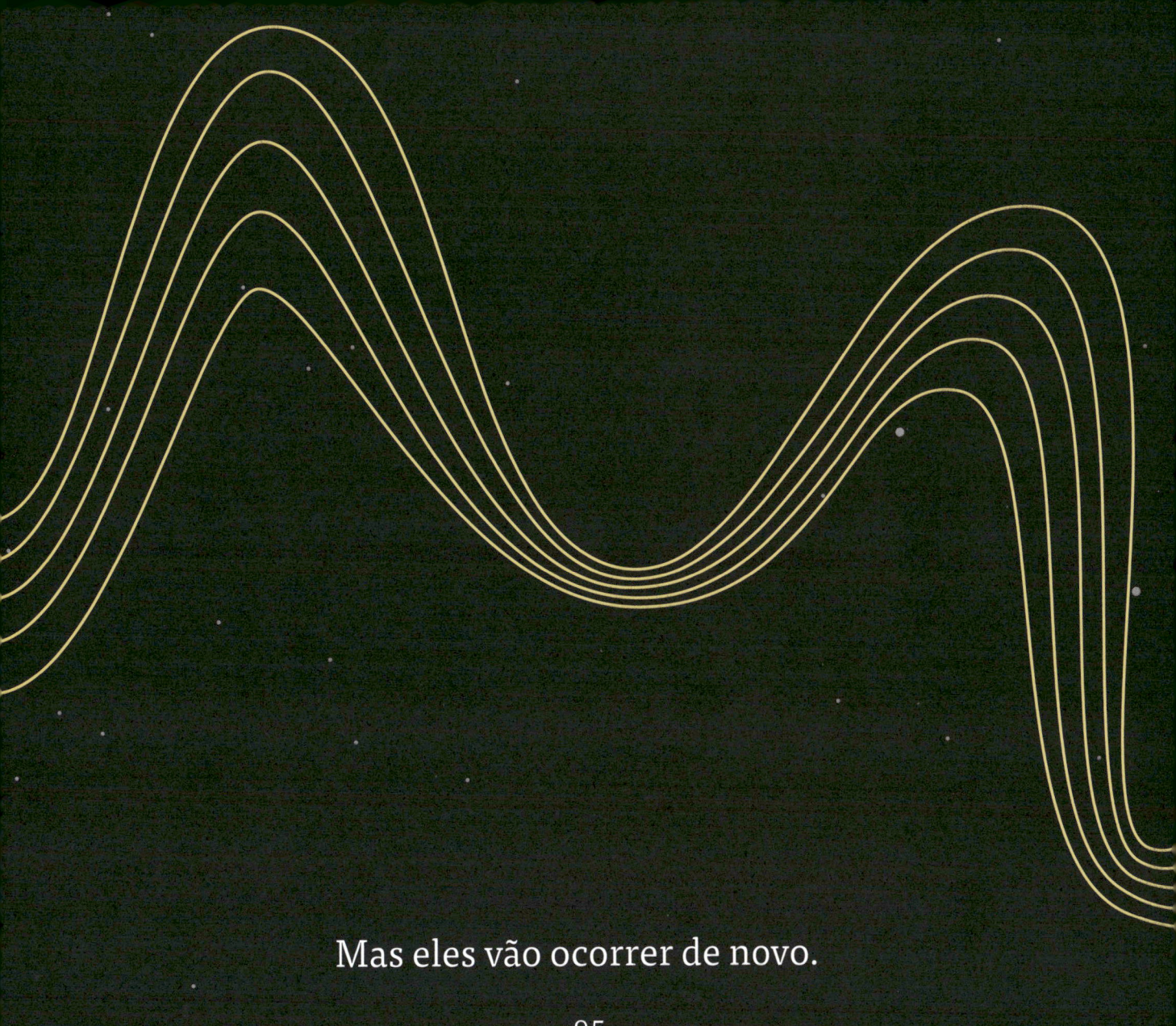

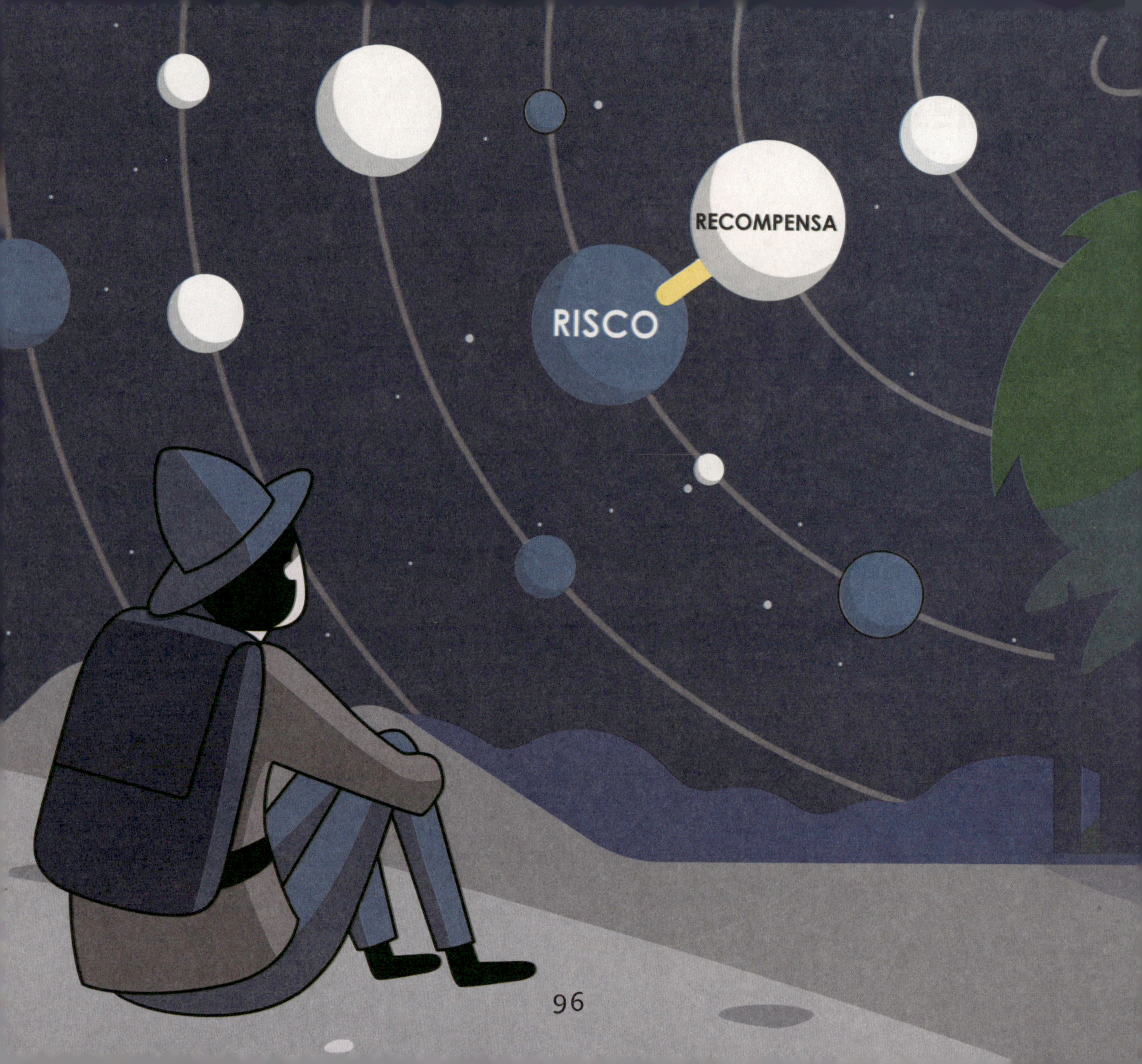
RECOMPENSA
RISCO

E quando refleti sobre meu desafio de equilibrar risco e recompensa concluí que risco e recompensa naturalmente andam juntos.

Consegui enxergar que, para desfrutar a vida ao máximo, é preciso correr mais riscos… e que saber como equilibrar risco e recompensa de forma apropriada é essencial para viver da melhor forma possível.

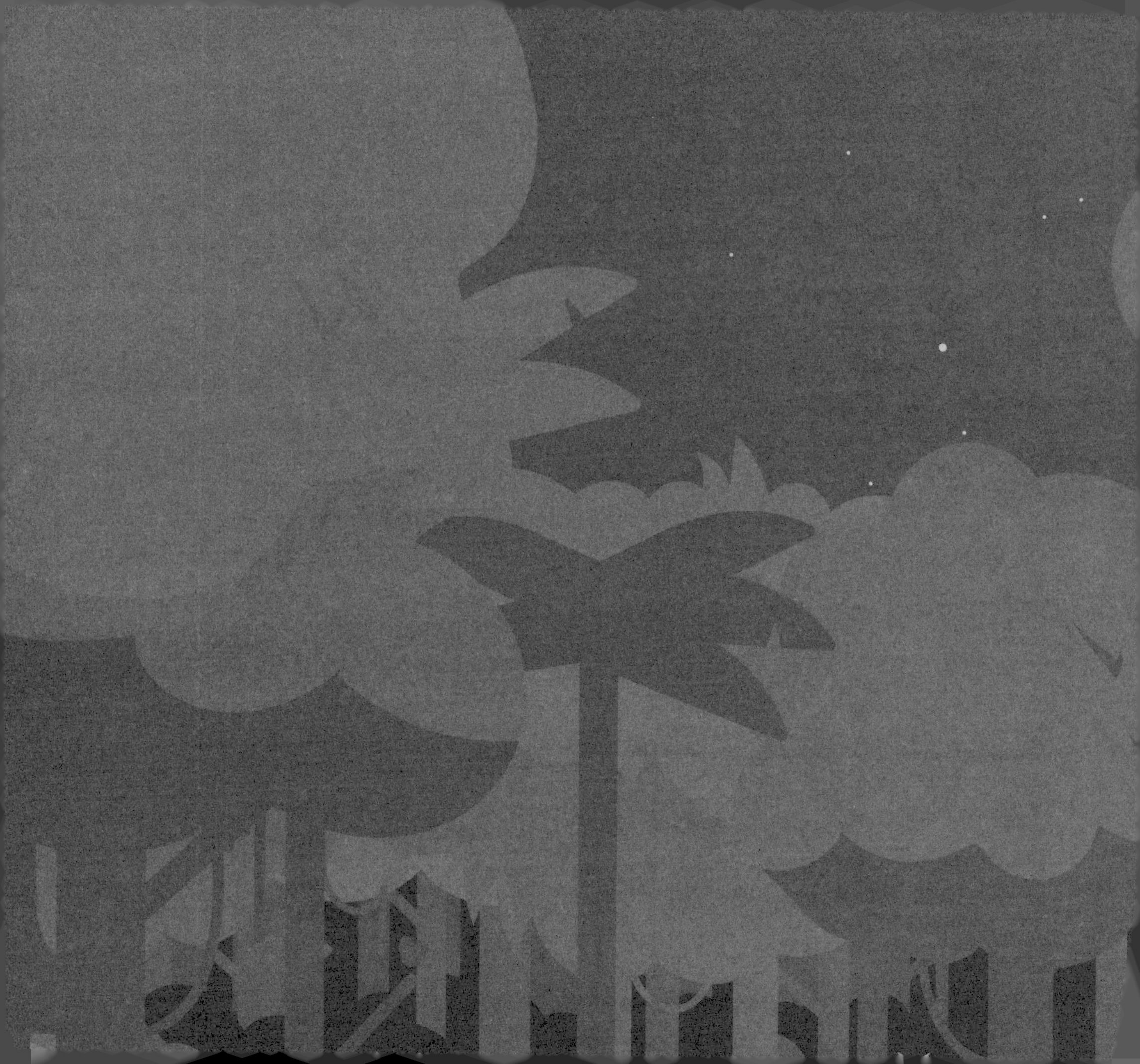

Imagine-se diante de uma escolha. Você terá uma vida comum e segura se permanecer onde está, ou terá uma vida grandiosa se atravessar uma selva cheia de perigos.

Como você refletiria a respeito dessa escolha?

Não posso lhe dizer qual caminho é o melhor para você. Cada um de nós deve decidir por si mesmo.

No meu caso, eu precisava viver da melhor maneira possível, então foi necessário descobrir como dar conta dos grandes riscos para que conseguisse alcançar as grandes recompensas.

Para atravessar a selva, precisava enxergar mais do que eu era capaz de ver sozinho. Mas no meu caminho estavam as duas maiores barreiras com que todos nos deparamos...

AS BARREIRAS DO EGO E DOS PONTOS CEGOS

A Barreira do Ego nos impede de reconhecer nossos pontos fracos.

A necessidade de estar certo muitas vezes entra na frente da necessidade de descobrir o que é verdadeiro... Então acabamos acreditando em nossas opiniões sem averiguá-las.

Não gostamos de olhar nossos erros e pontos fracos. Por instinto, reagimos a essas análises como se fossem ataques.

Isso nos leva a tomar decisões piores, a aprender menos e a ficar aquém de nosso potencial.

A Barreira dos Pontos Cegos existe porque pessoas diferentes enxergam o mundo de formas diversas. Resume-se ao simples fato de que ninguém consegue ver sozinho todas as ameaças e oportunidades a seu redor.

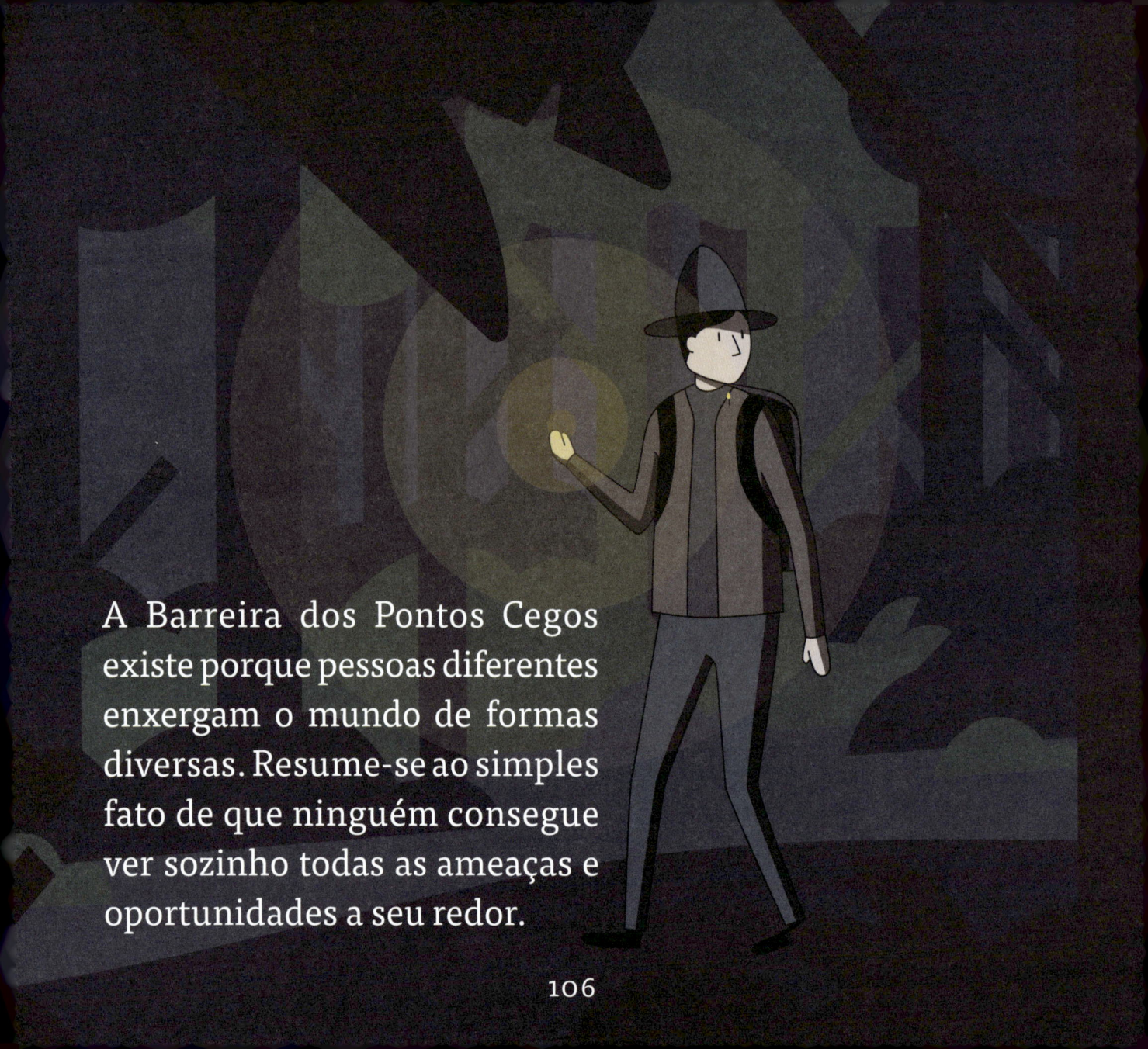

Se você conta com a ajuda de outras pessoas para perceber o que não consegue vislumbrar sozinho, torna-se capaz de enxergar muito mais.

Aprendi que isso era essencial para uma percepção efetiva dos perigos e das oportunidades na selva da vida.

Para alcançar meus objetivos, tive que substituir a alegria de estar certo pela alegria de aprender o que era verdadeiro.

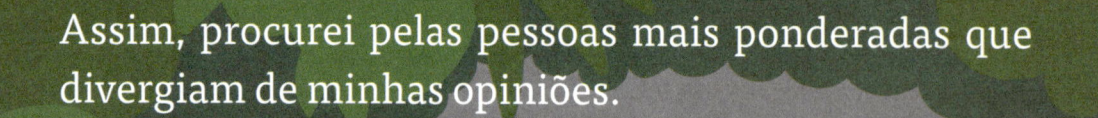

Assim, procurei pelas pessoas mais ponderadas que divergiam de minhas opiniões.

Eu queria enxergar através do olhar dessas pessoas e que elas vissem através do meu... Assim poderíamos, juntos, descobrir a verdade e a melhor maneira de lidar com ela. Eu queria aprender a arte do desacordo respeitoso.

Deixar de enxergar apenas com meus olhos e passar a enxergar através dos olhos dessas pessoas ponderadas...

... foi como deixar de ver em preto e branco...

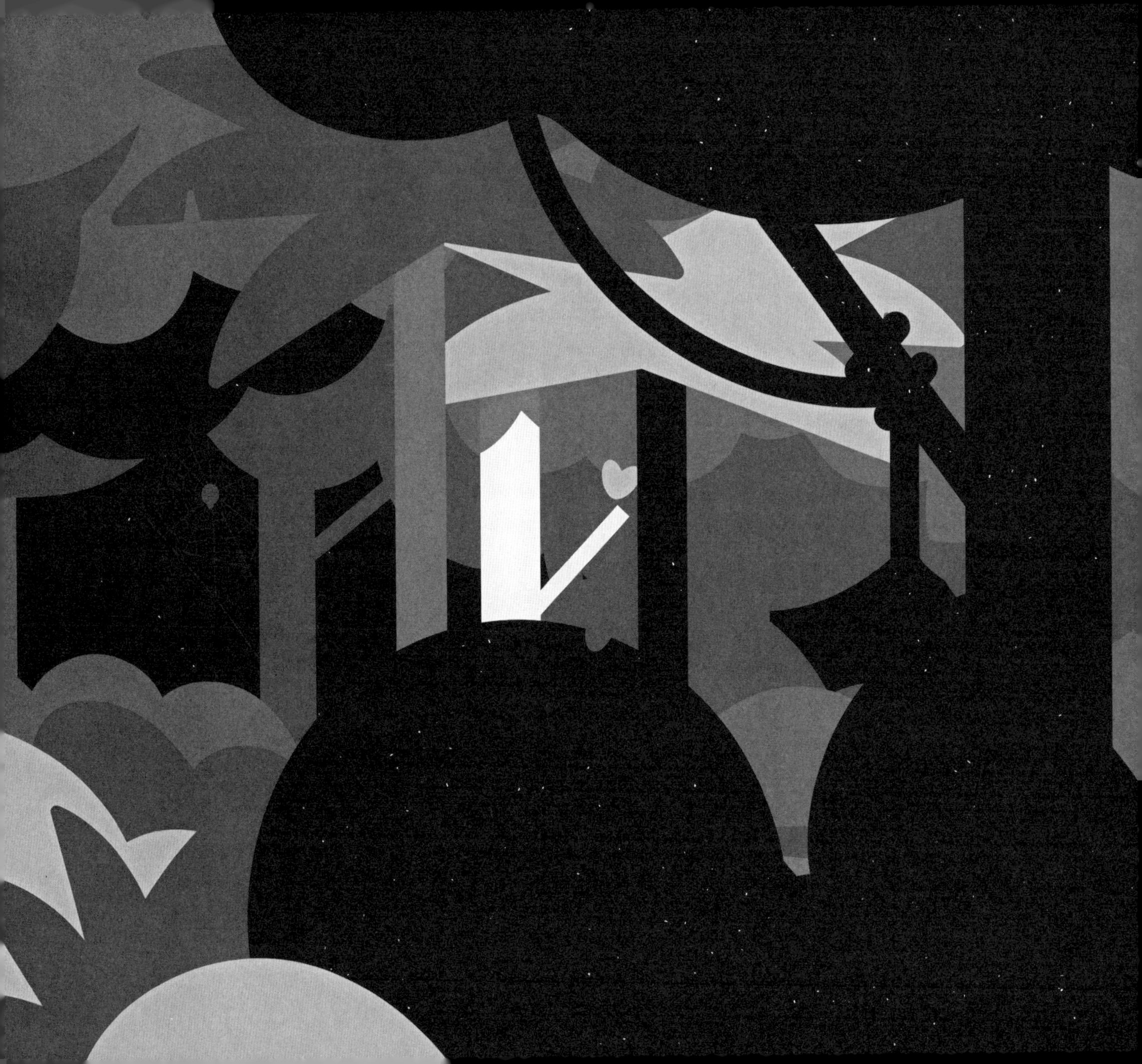

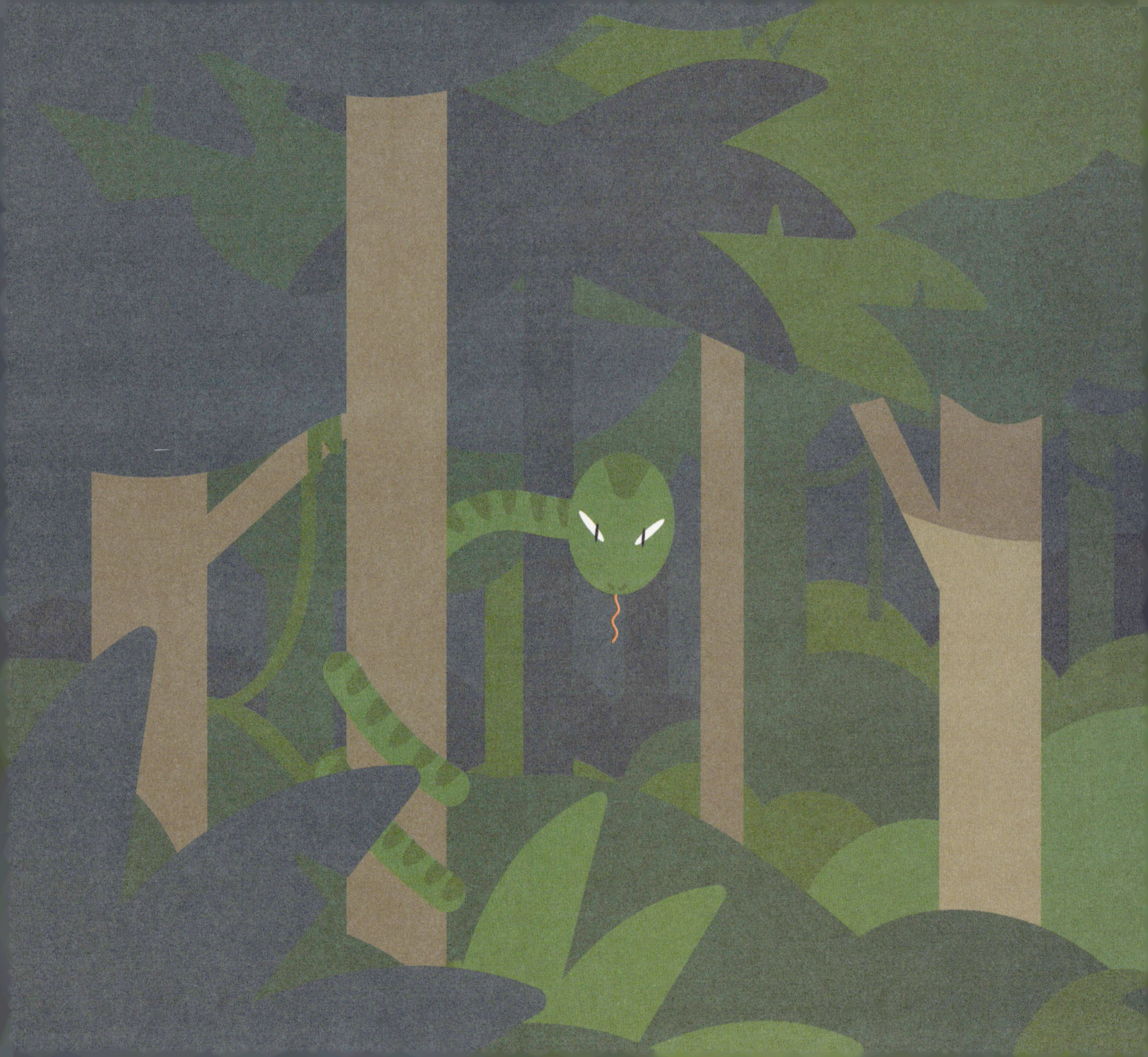

... e enxergar o mundo em cores.

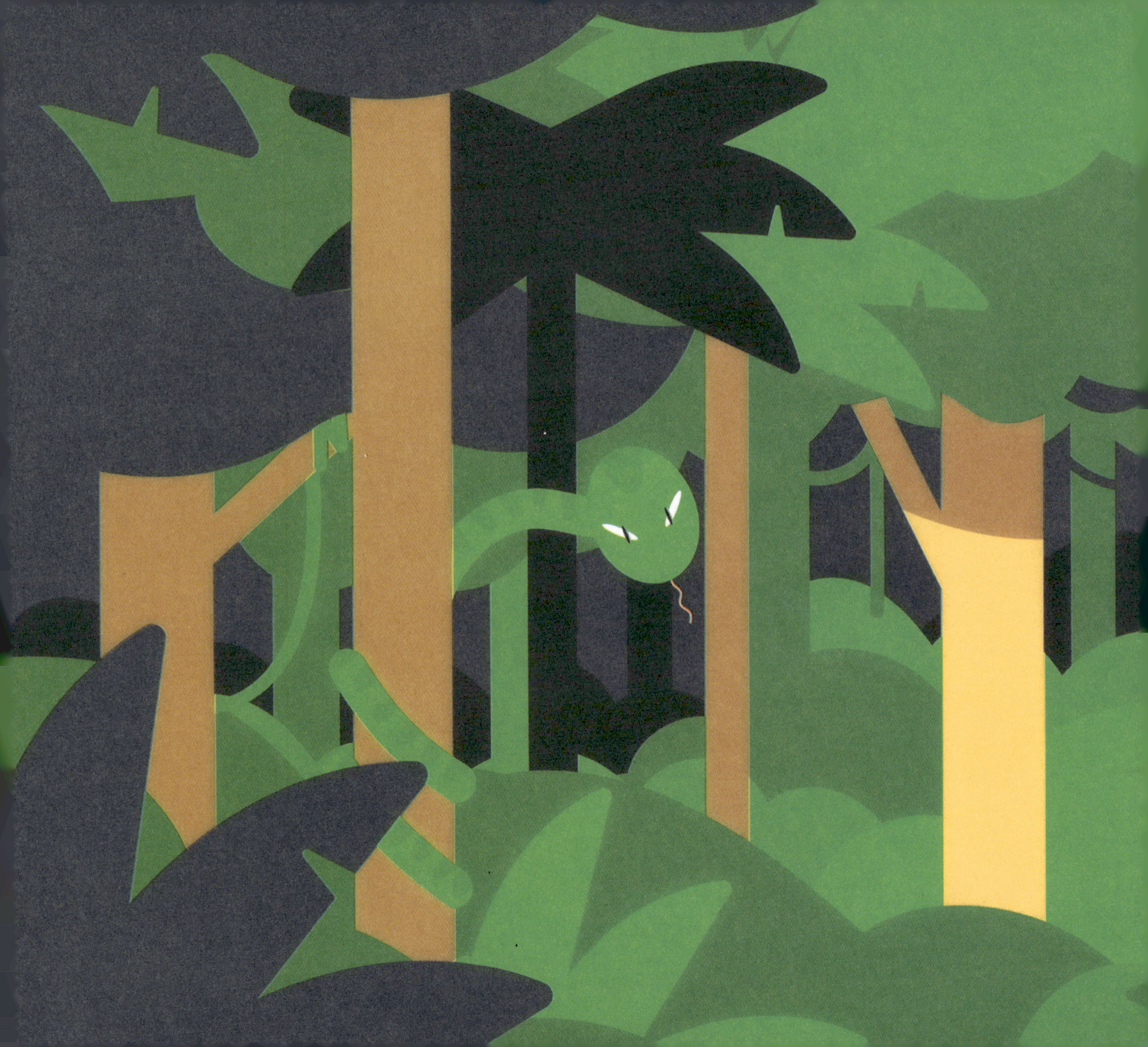

O mundo se iluminou.

117

Foi quando percebi que a melhor forma de atravessar a selva da vida era na companhia de pessoas perspicazes que enxergavam de forma diferente de mim.

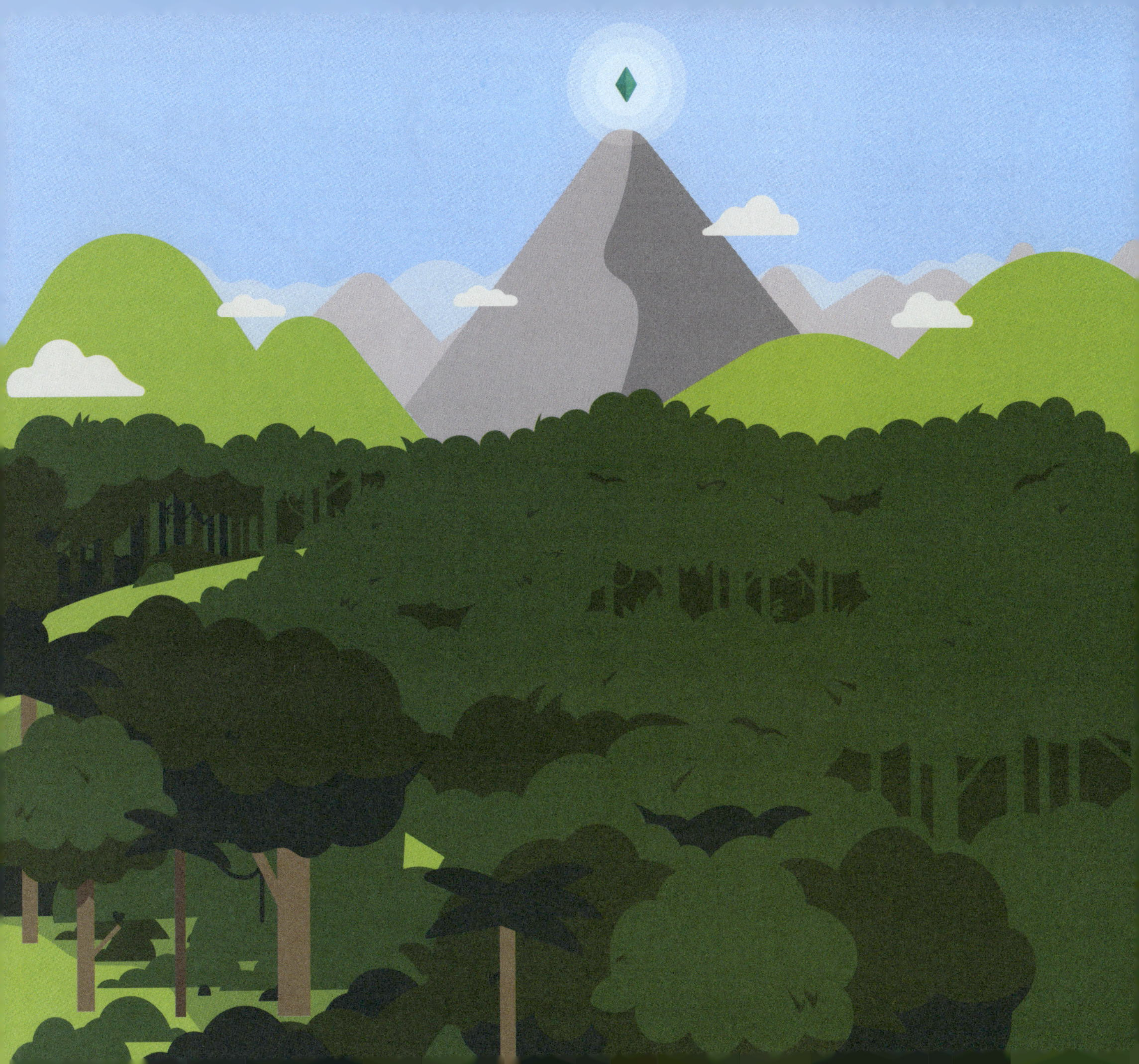

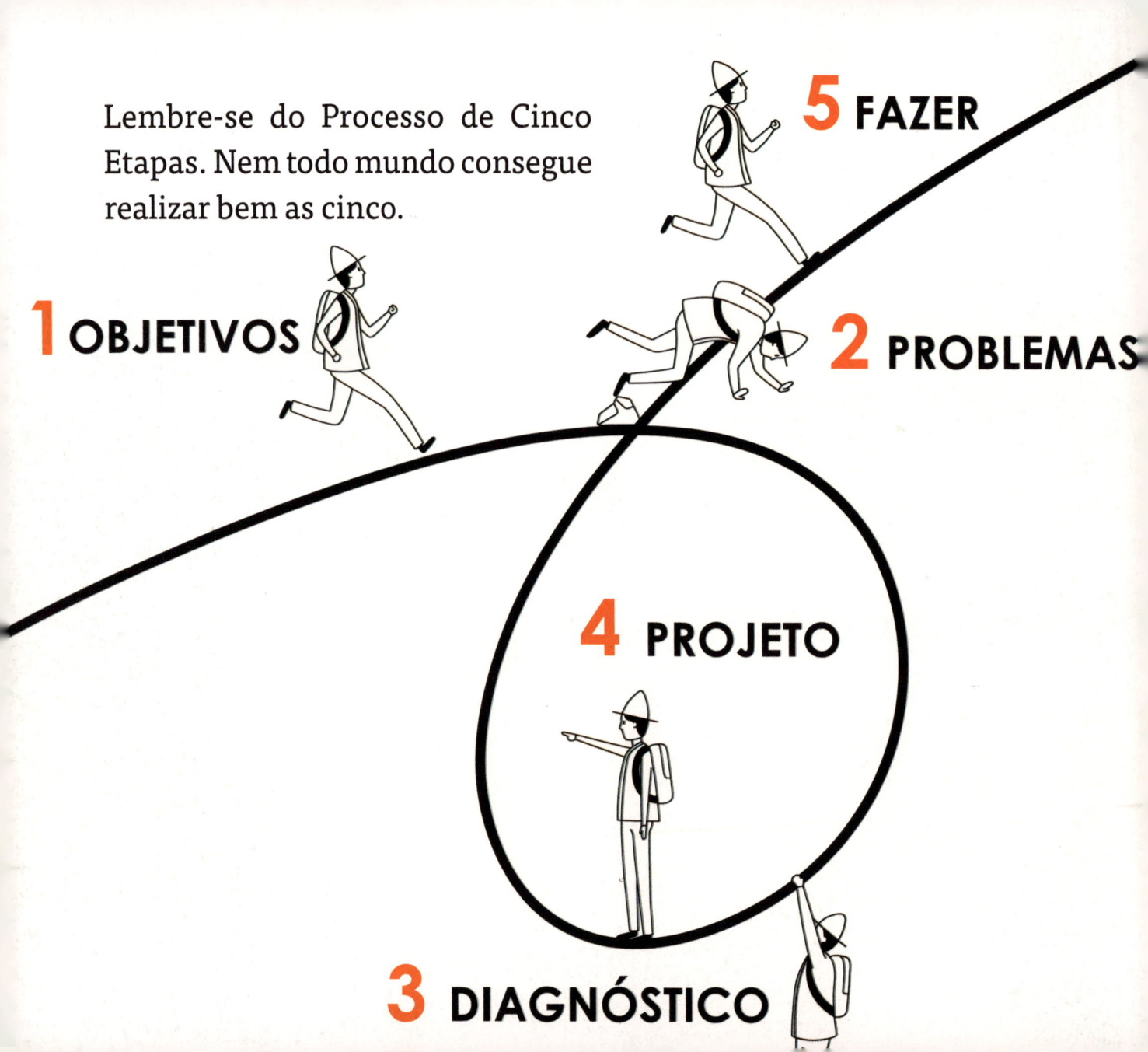

Lembre-se do Processo de Cinco Etapas. Nem todo mundo consegue realizar bem as cinco.

1 OBJETIVOS

2 PROBLEMAS

5 FAZER

4 PROJETO

3 DIAGNÓSTICO

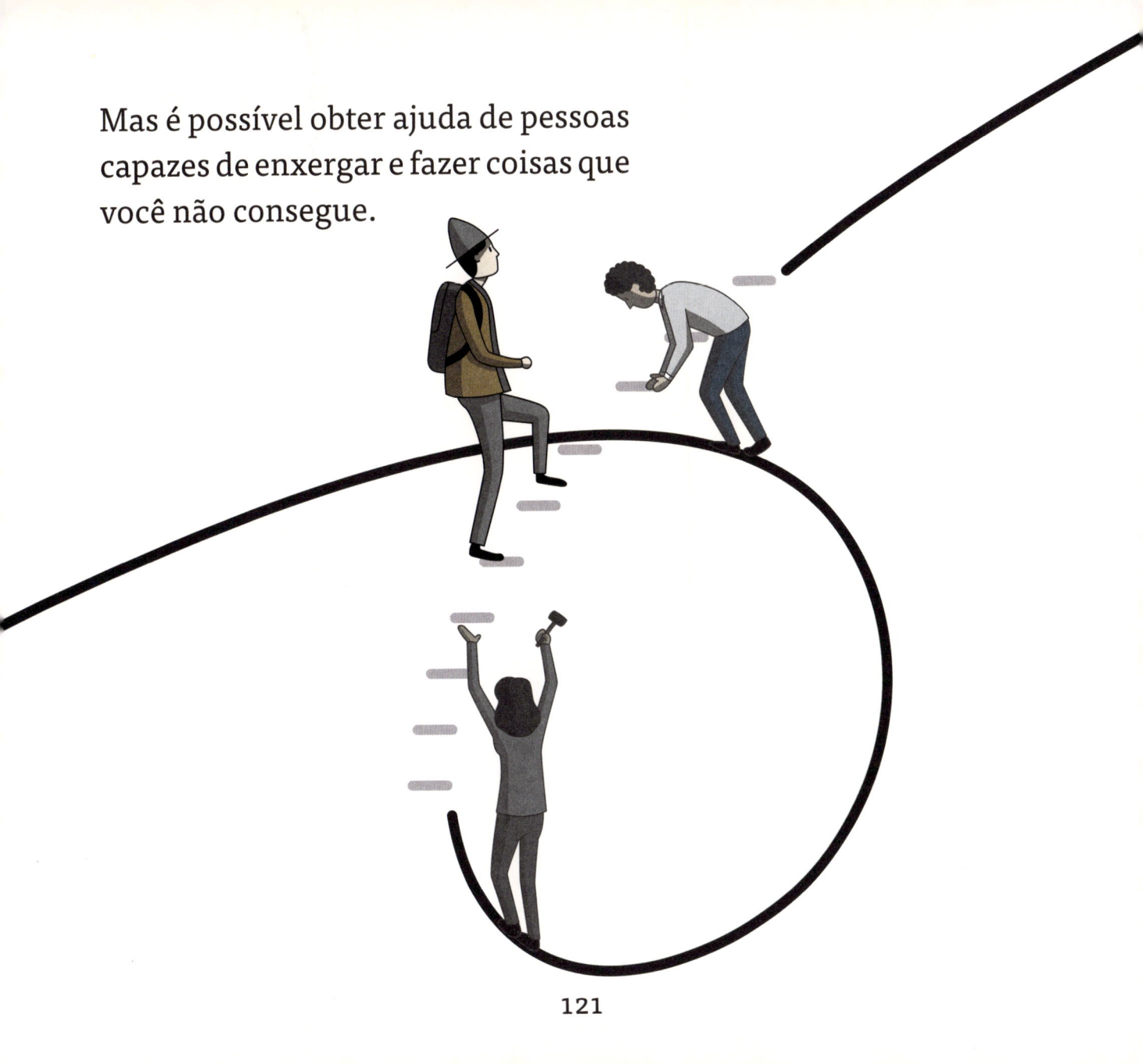

Mas é possível obter ajuda de pessoas capazes de enxergar e fazer coisas que você não consegue.

Você precisa apenas se desvencilhar da fixação em ser aquele que tem as respostas certas, abrindo sua mente para outras perspectivas. Essa abordagem, de cabeça radicalmente aberta, melhorou de forma significativa meu processo de tomada de decisão.

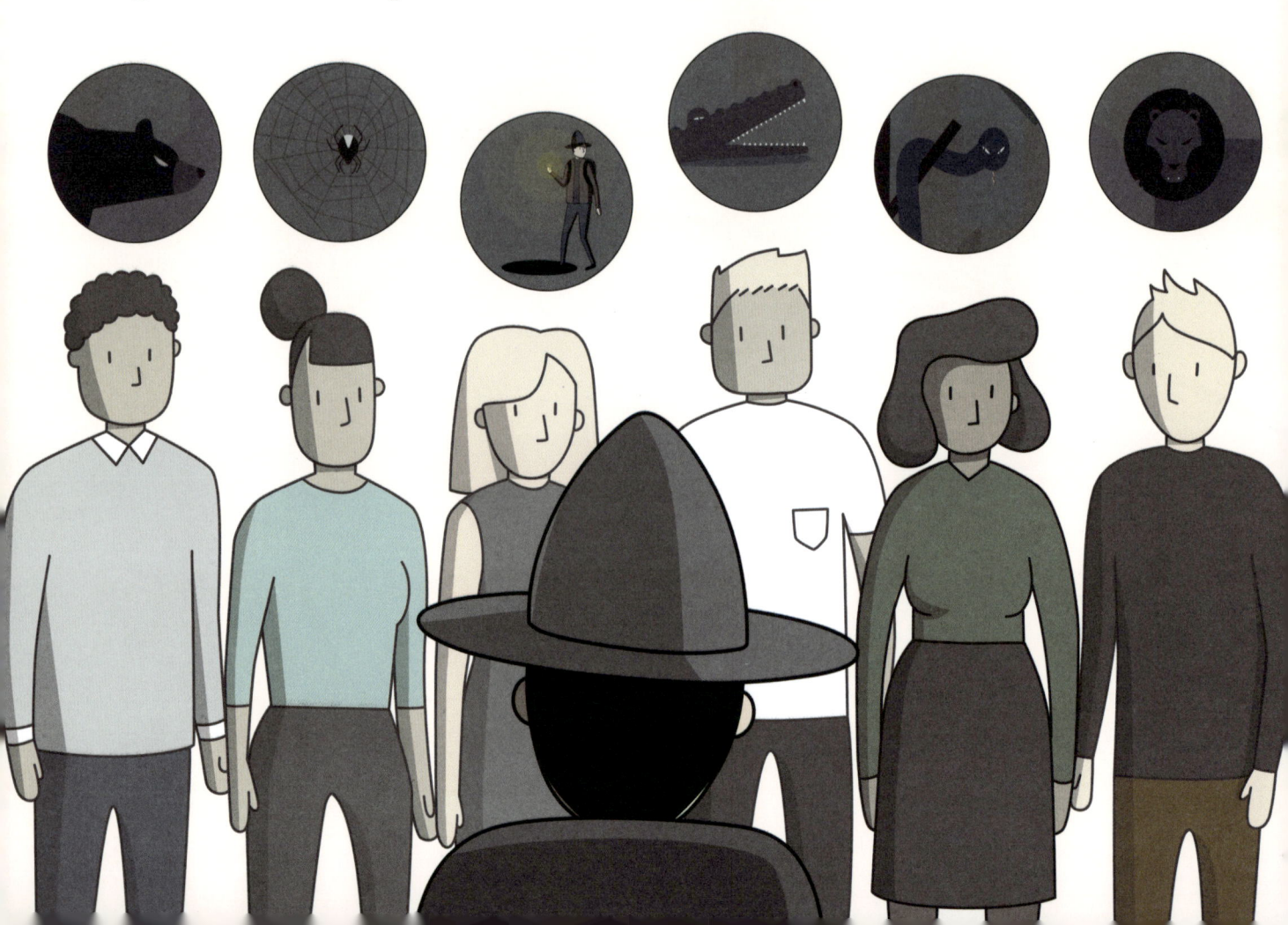

Também aprendi que não há nada melhor do que compartilhar uma missão com pessoas queridas capazes de ser radicalmente sinceras e transparentes umas com as outras.

Isso me conduziu à fundação de uma empresa com uma meritocracia de ideias singular, operando de forma a gerar sucessos notáveis. Em uma meritocracia de ideias, você extrai o melhor de todos.

O pensamento independente é bem-vindo, e há um processo eficiente para lidar com nossas divergências e alcançar o que for melhor.

Quando encontrava outras pessoas bem-sucedidas, percebia que a jornada delas era semelhante à minha.

Elas também tiveram desafios, e todas contornaram os próprios pontos fracos através da colaboração com gente que via riscos e oportunidades que lhes fugiam de vista.

A luta por grandes recompensas está fadada a gerar dolorosas quedas. Esses reveses vão testá-lo.

Eles fazem um processo seletivo.

Alguns pensarão com afinco sobre as causas de tais reveses e aprenderão lições valiosas...

enquanto outros decidirão que esse jogo não é para eles e sairão de campo.

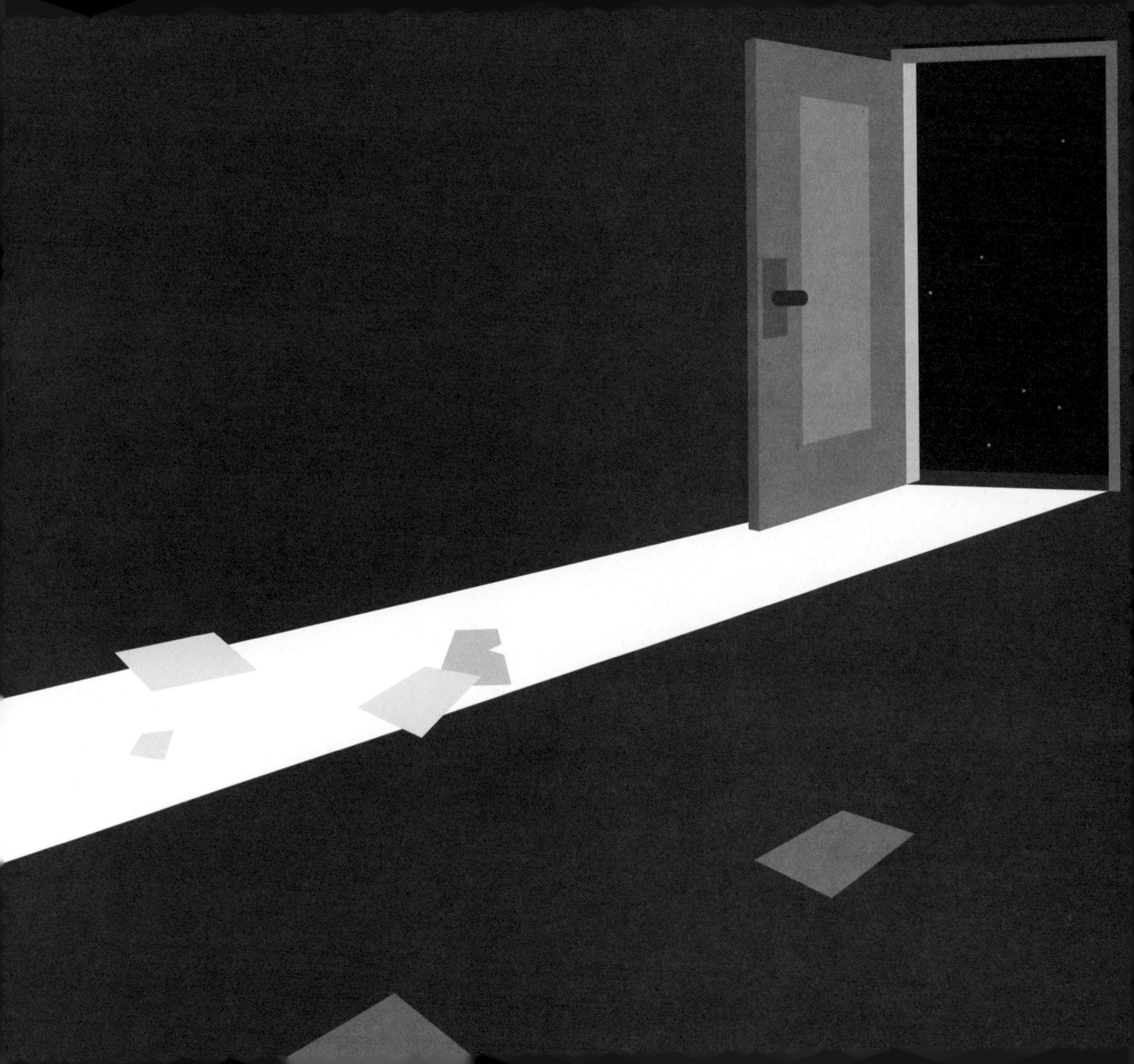

Ao longo do tempo, fiz outra descoberta, ainda mais maravilhosa. Aprendi que o sucesso não significa alcançar os objetivos.

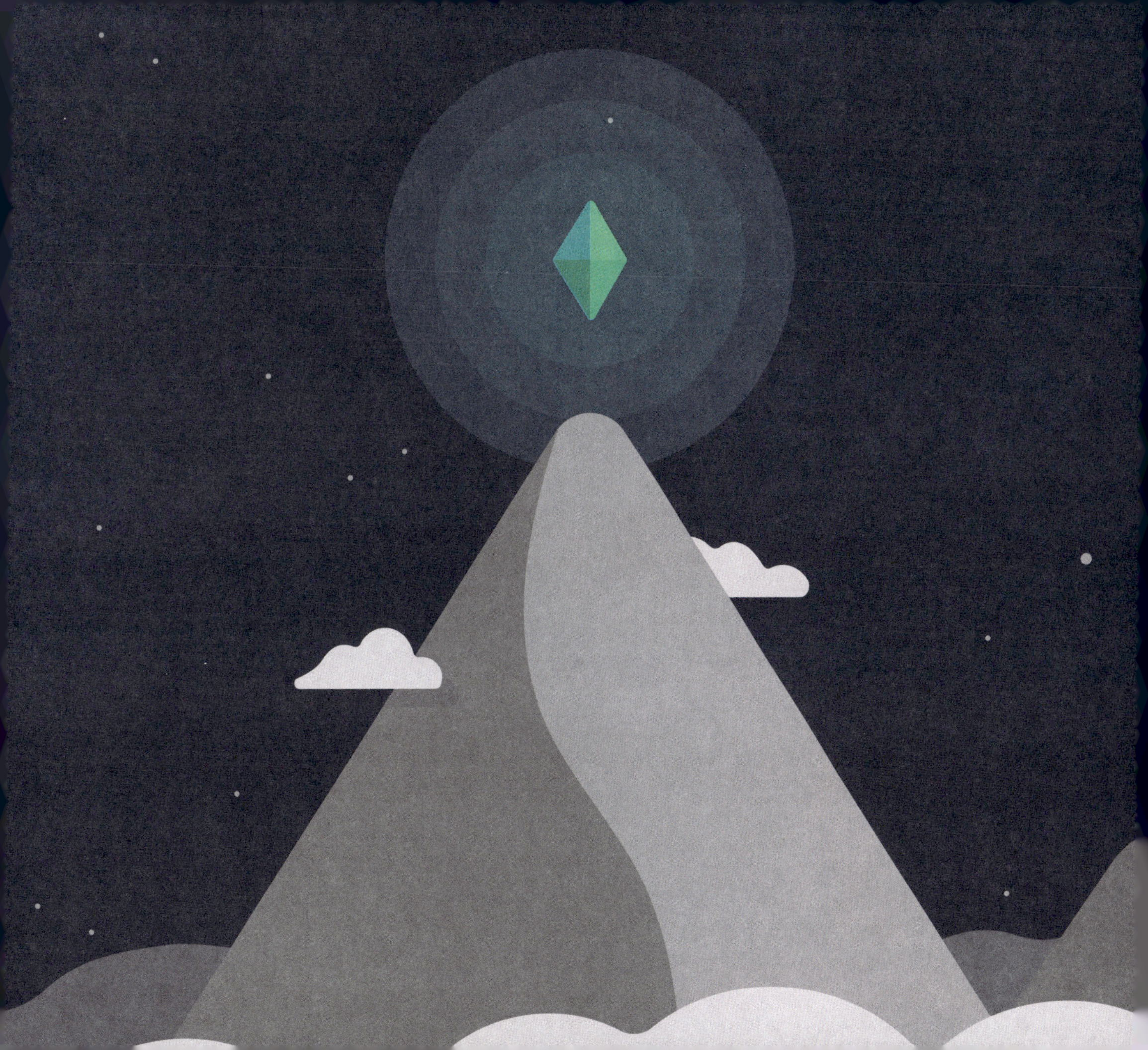

As coisas pelas quais lutamos são apenas a isca, o desafio de alcançá-la com pessoas queridas nos traz as verdadeiras recompensas: evolução pessoal e relações relevantes.

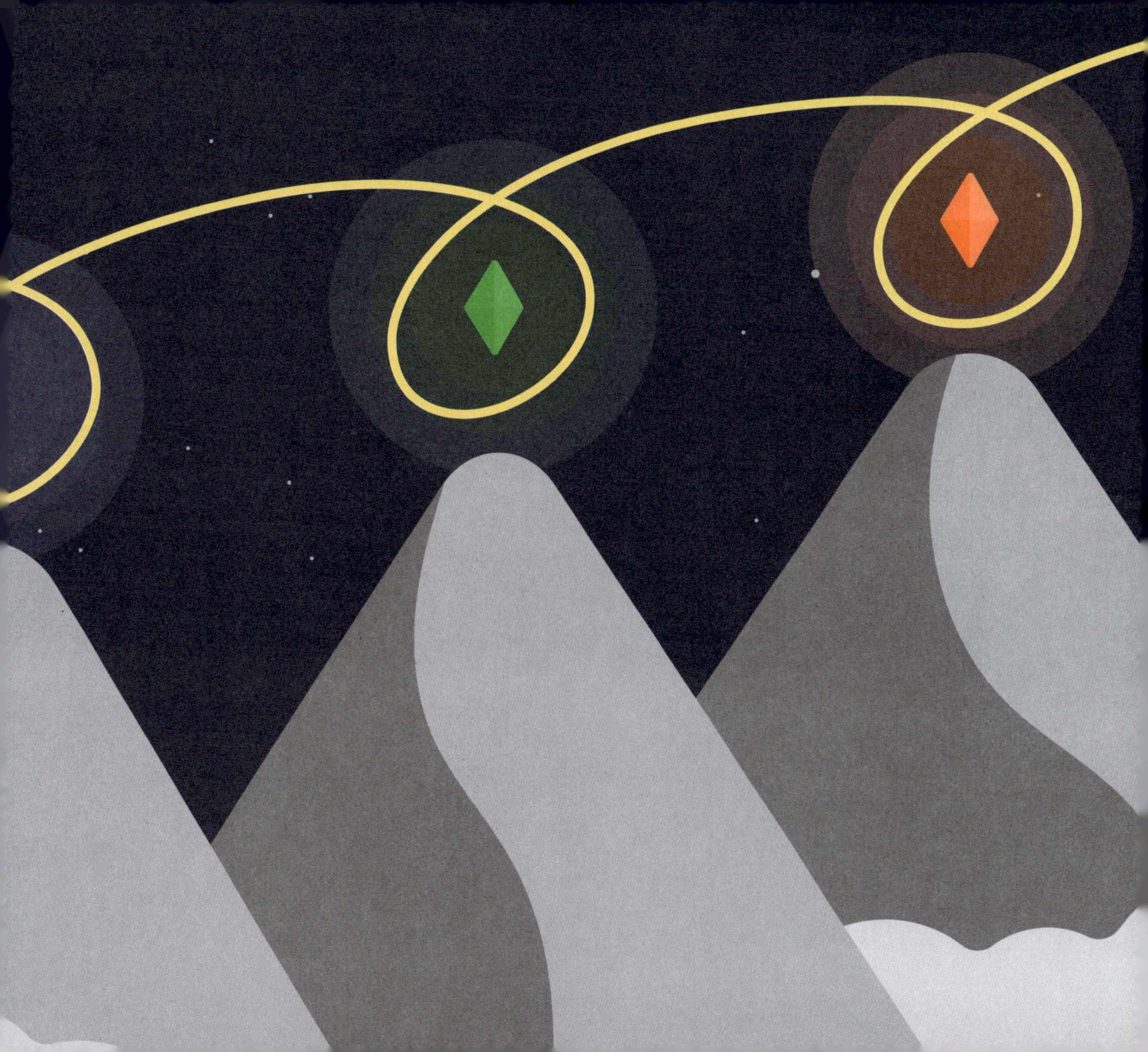

Meu desejo já não era mais chegar ao outro lado da selva para alcançar minhas recompensas. Em vez disso, eu queria permanecer na selva, lutando para ser bem-sucedido junto a pessoas queridas.

Após um tempo, o sucesso da missão e o bem-estar dos outros tornaram-se mais importantes do que meu sucesso.

Então passei a enxergar minha curva de vida e a ver fora de minha órbita. Isso me fez desejar que outros tivessem sucesso para além de mim.

5/5

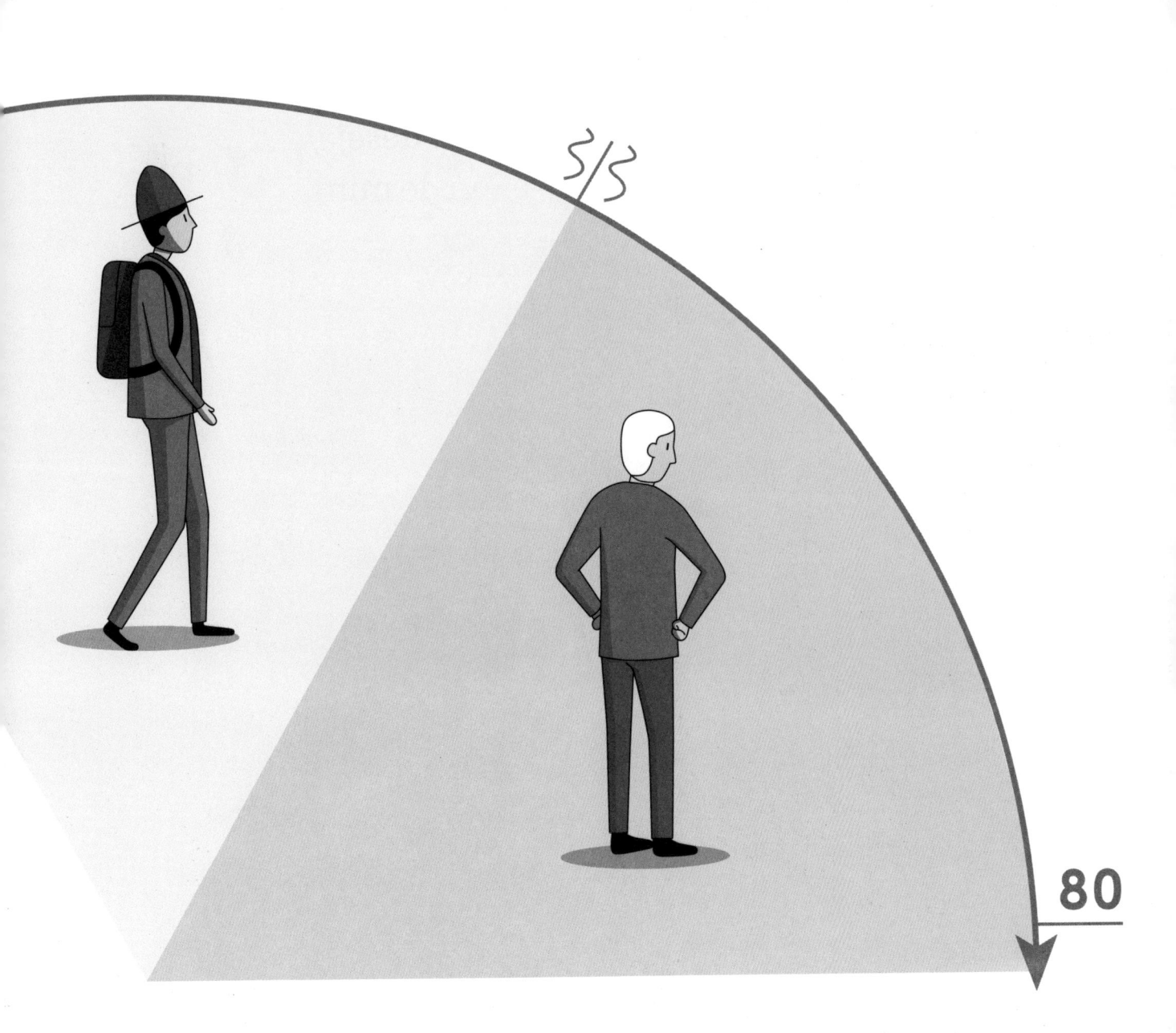

80

É neste ponto que me encontro agora, essa é a razão de transmitir estes princípios a você.

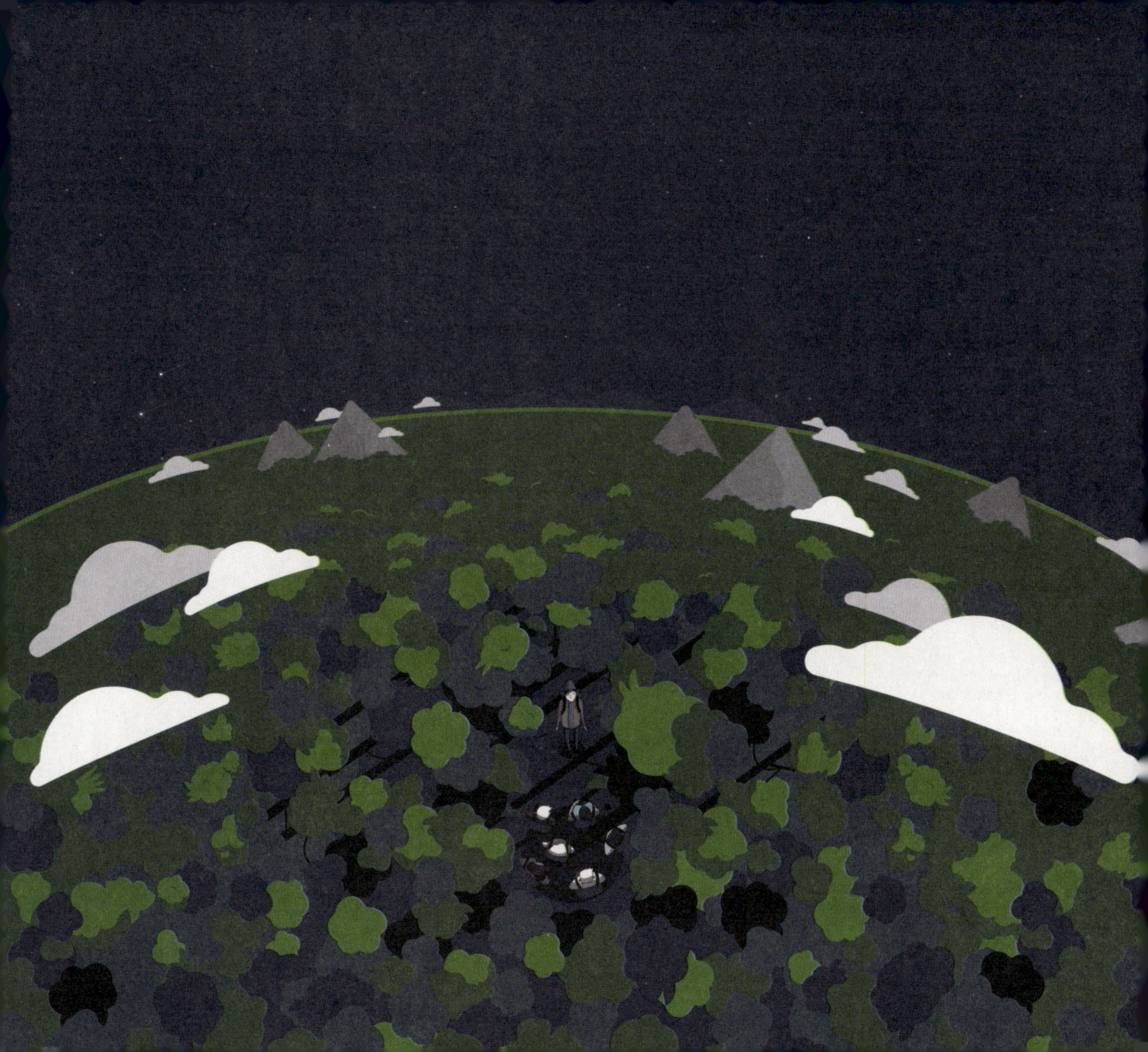

Revendo minha trajetória, percebo que todos nós temos dificuldades com coisas diferentes e em momentos de vida diferentes, até nos tornarmos parte de uma história evolucionária maior.

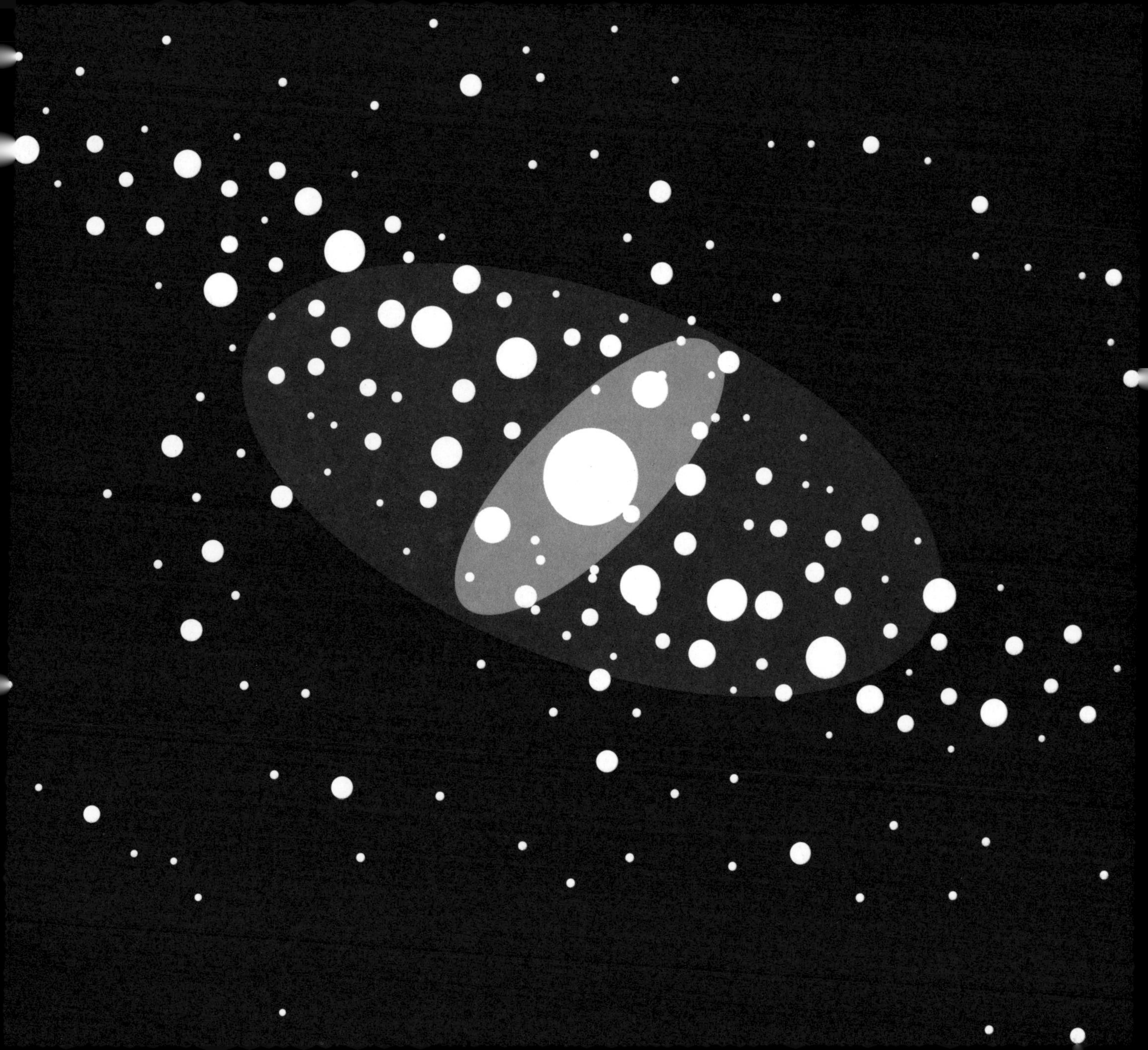

Em dado momento, toda máquina vai quebrar, e seus componentes retornarão ao sistema como partes de novas máquinas.

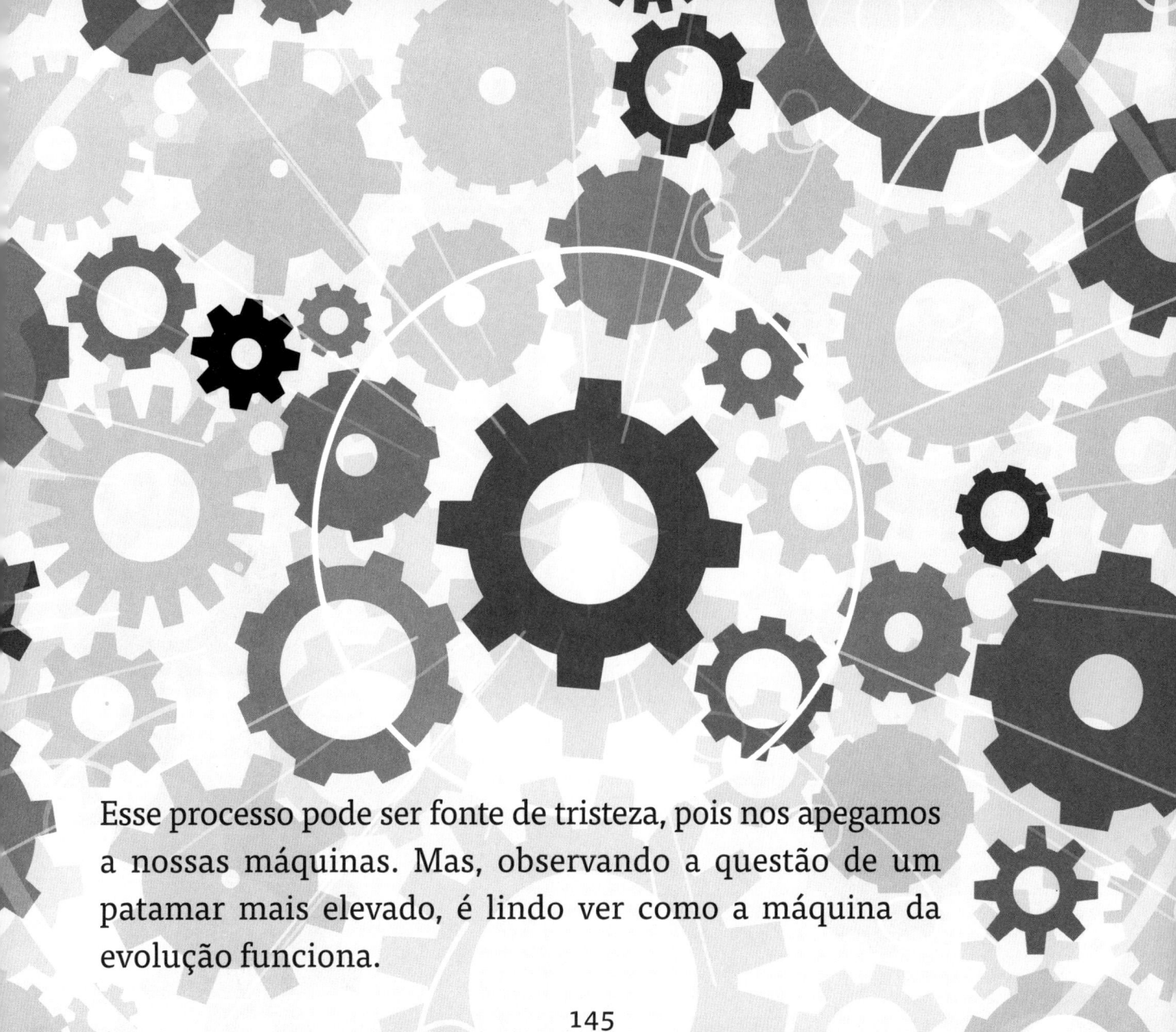

Esse processo pode ser fonte de tristeza, pois nos apegamos a nossas máquinas. Mas, observando a questão de um patamar mais elevado, é lindo ver como a máquina da evolução funciona.

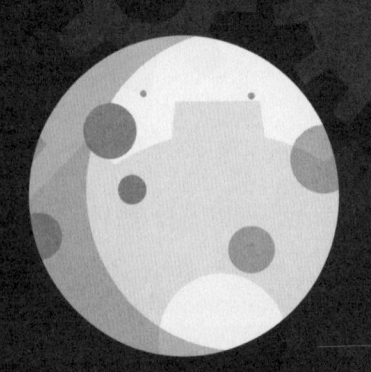

Neste momento, estou mais empolgado com você e sua jornada cheia de aventuras.

Esqueça de onde estes princípios vieram. Apenas se pergunte se eles lhe são úteis e os aperfeiçoe de acordo com sua necessidade. E, acima de tudo, selecione seus princípios, anote-os e faça-os evoluir com você.

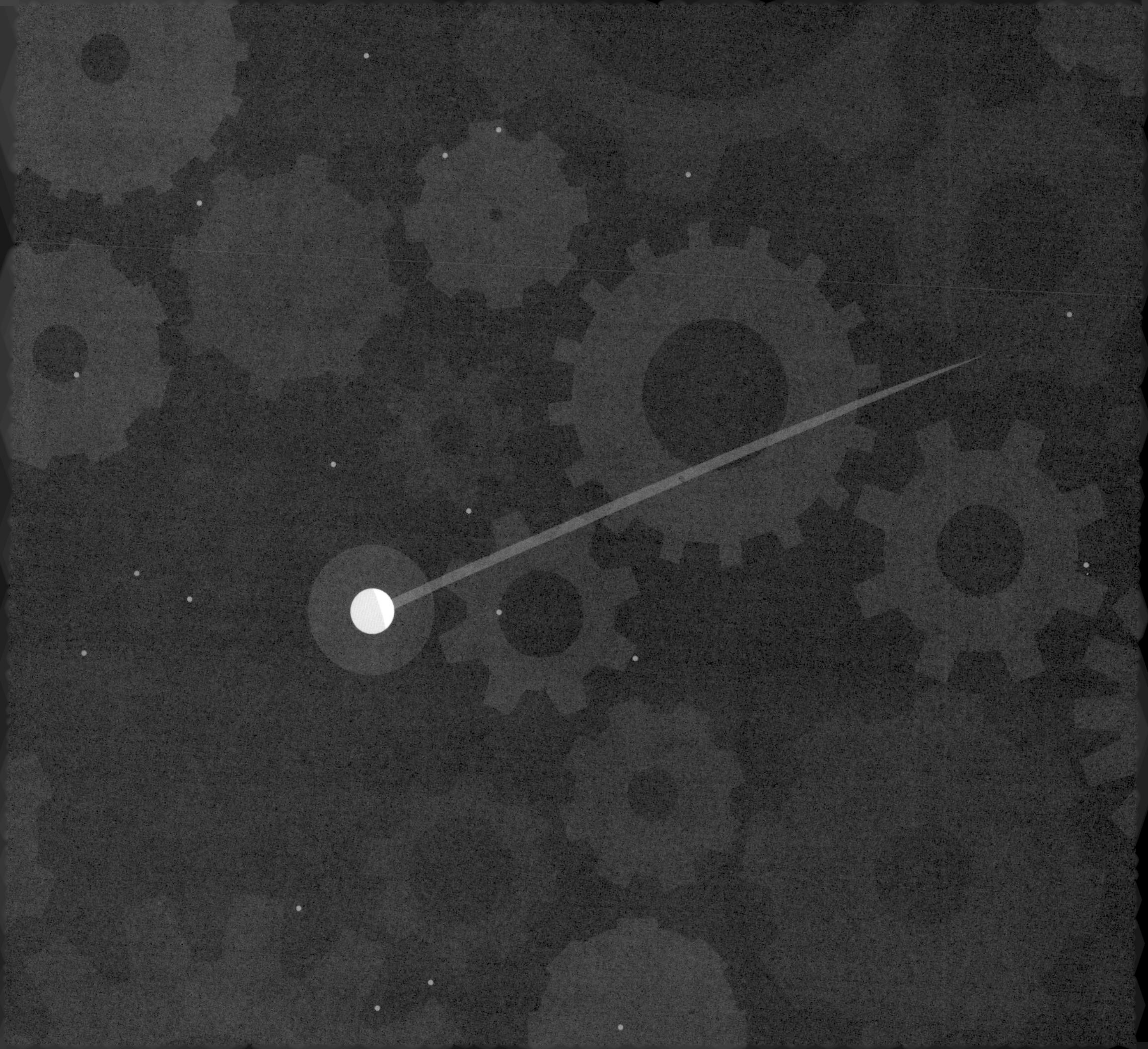

Espero apenas que você viva de acordo com os bons princípios que criar e que eles o ajudem a trilhar seu caminho — e lhe tragam a coragem necessária para tal.

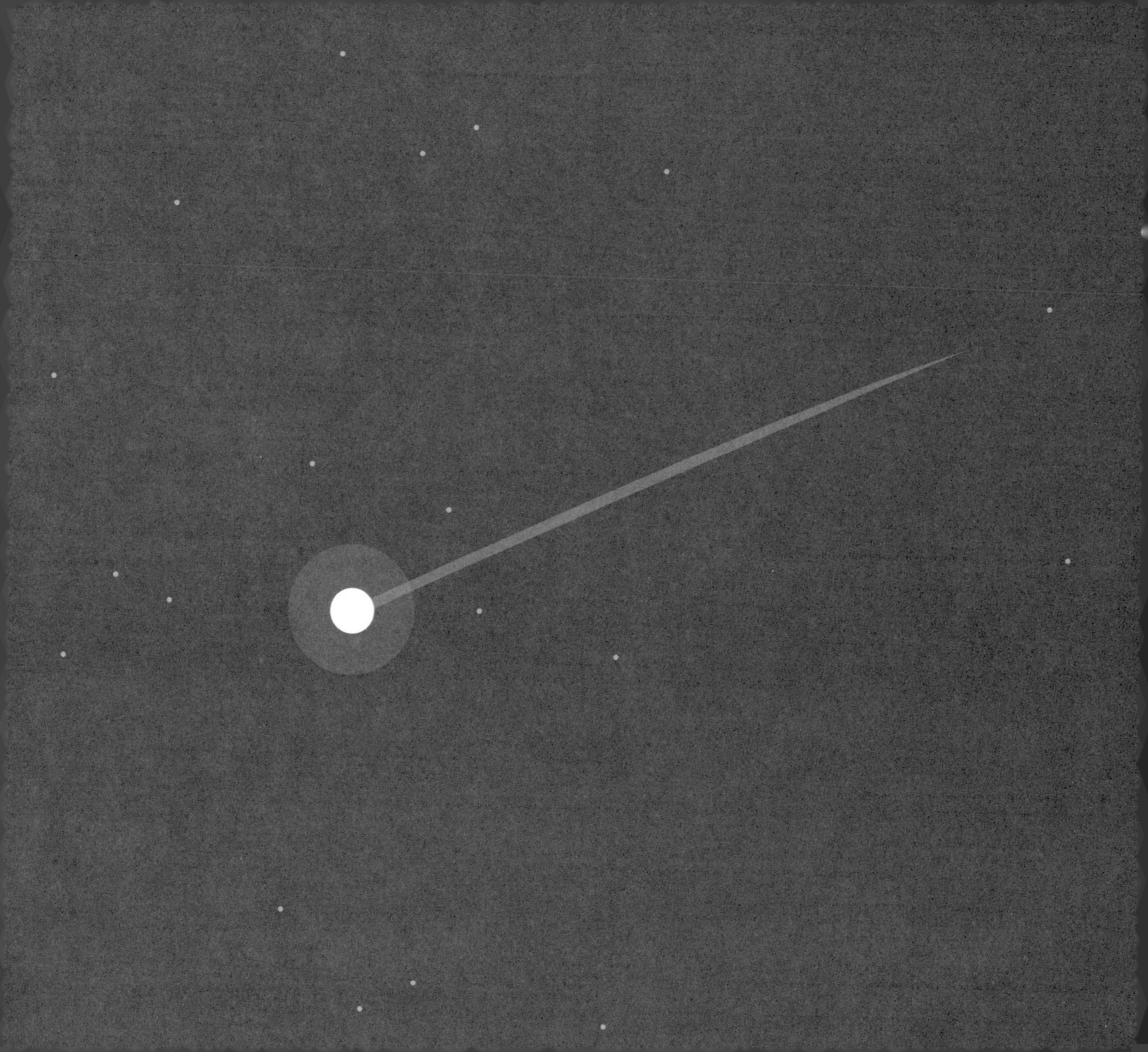

TCHAU

CONTINUE A EXPLORAR OS PRINCÍPIOS:

Refletindo sobre seus princípios 152

Uma coletânea dos outros princípios do autor 153

Exercício da jornada de vida 155

Mais sobre Princípios 164

REFLETINDO SOBRE SEUS PRINCÍPIOS

SOBRE TER PRINCÍPIOS

Você considera importante ter princípios?

De onde vai extrair seus princípios?

Você acha uma boa ideia escrever seus princípios e refletir sobre eles com o passar do tempo? Você acredita que fará isso?

SOBRE ENTENDER E ACEITAR A REALIDADE

Você é bom em aceitar a realidade como ela é — não como você deseja?

Você concorda que quase tudo acontece repetidamente por razões parecidas?

Você acredita que a análise desses padrões e a incorporação de reflexões de outras pessoas propiciam o aprendizado de princípios capazes de ajudá-lo a lidar bem com a realidade e, consequentemente, a ser mais bem-sucedido?

CONTORNANDO SUAS DUAS MAIORES BARREIRAS

Quanto você prioriza estar certo em vez de consciente do que é verdadeiro?

Você percebe como a prática do desacordo respeitoso pode ajudá-lo a encontrar a melhor resposta? Você adotará essa prática?

Você é bom em enxergar com os olhos dos outros, a ponto de compreender o melhor raciocínio disponível?

Você quer aprender a se empenhar bem?

UMA COLETÂNEA DOS OUTROS PRINCÍPIOS DO AUTOR

Se você é determinado e tem a mente aberta o suficiente, é possível conseguir praticamente tudo o que quiser.

Não se preocupe em ter uma boa imagem — em vez disso, preocupe-se em conquistar seus objetivos.

Dor + Reflexão = Progresso

Sonhos + Realidade + Determinação = Uma vida de sucesso.

Trabalho e relações relevantes são os maiores bens e as maiores recompensas.

Crie uma cultura na qual seja ok cometer erros e inaceitável não aprender com eles.

Não permita que as barreiras do seu ego e do seu ponto cego fiquem em seu caminho.

Seja assertivo e tenha a mente aberta.

Assuma a responsabilidade pelas consequências.

Há sempre um caminho bom. Se você não consegue vê-lo, precisa continuar a procurá-lo de forma positiva, com a ajuda de outras pessoas.

Encontre as pessoas mais confiáveis que discordem de você e tente compreender os argumentos delas.

Siga o Processo de Cinco Etapas para atingir o sucesso: 1) defina objetivos claros; 2) identifique e não tolere seus problemas; 3) diagnostique os problemas para chegar a suas raízes; 4) projete um plano para contorná-los; 5) execute seu plano.

Se você fizer isso repetidas vezes de forma adequada e com a ajuda de pessoas competentes nas áreas em que não é tão bom, terá sucesso.

Você pode conquistar praticamente qualquer coisa, mas não tudo o que quiser — então é preciso estabelecer bem suas prioridades.

Todos têm pontos fracos, tanto quanto pontos fortes.

O maior erro da maioria das pessoas é não olhar para si mesmas e para os outros com objetividade, o que as leva a uma sequência de embates com os próprios pontos fracos e com os dos outros.

Contorne os pontos fracos em seu caminho: 1) trabalhe bem com pessoas competentes nas áreas em que você não é tão bom; ou 2) concentre-se em melhorar naquilo em que você tem dificuldade. Geralmente a primeira opção é a melhor.

Entenda que as pessoas têm cabeças muito diferentes — então é aconselhável enxergar com os olhos de pessoas perspicazes que veem as coisas de forma distinta da sua.

Lembre-se de que grandes parcerias com generosidade e consideração mútuas são muito mais recompensadoras do que dinheiro.

Tenha em mente que dinheiro só é importante ao possibilitar que se acumule o suficiente para cuidar de si mesmo e das pessoas importantes para você, e a quantia que você precisa ter deve ser maior do que a prevista, pois provavelmente você subestimará suas necessidades e superestimará o montante que terá no fim da estrada. Então tenha cautela na hora de calcular e dobre a estimativa.

Transforme seu trabalho e sua paixão em uma coisa só, e realize-os com aquelas pessoas que você quer ter por perto.

Não dá para prometer o impossível e esperar ter sucesso.

Seja radicalmente sincero e radicalmente transparente.

Compartilhe o que é mais difícil de compartilhar.

Nunca diga algo sobre alguém que você não falaria na cara e não faça juízos de valor de ninguém que não esteja presente para ser confrontado.

Lembre-se de que a maioria das pessoas vai fingir que age de acordo com os seus interesses, enquanto age segundo os próprios.

Evolua ou morra.

Compreenda onde você e as pessoas que considera importantes estão nas respectivas curvas de vida, assim é possível colocar as coisas em perspectiva e planejar-se bem para o que está por vir.

EXERCÍCIO DA JORNADA DE VIDA

Esse exercício vai ajudá-lo a colocar em perspectiva sua vida e a daqueles que são importantes para você, e também a se planejar para o futuro.

Conforme explicado neste livro, quase tudo acontece repetidamente pelas mesmas razões, então, no intuito de entender seja lá o que for, vale a pena usar um modelo para compreender os desdobramentos típicos das situações e observar as relações de causa e efeito que as levam a se desdobrar de tal forma. Neste exercício pedirei a você que analise uma típica jornada de vida e reflita a respeito da sua e do que provavelmente vai lhe acontecer.

Nas páginas seguintes, encontra-se uma curva-padrão de vida. Segue a cronologia do nascimento à morte. Para se orientar, estime o ponto em que você se encontra nessa curva. Não é preciso ser exato, pois a vida não é exata. Apesar de as jornadas de vida não serem as mesmas, a maioria é semelhante. Elas se estendem por cerca de 80 anos e progridem em três fases, com uma transição entre elas de aproximadamente 5 a 10 anos.

Na primeira fase, você está aprendendo e depende de outras pessoas. Na segunda, você trabalha e outras pessoas dependem de você. É quando você tenta ao máximo ter sucesso. Na terceira fase, quer ajudar as pessoas importantes para você a alcançarem sucesso sem sua participação, algo que deseja mais até do que o próprio sucesso. Isso porque ser bem-sucedido de forma independente será o melhor para elas quando alcançarem a segunda fase, e estar livre de preocupações e compromissos é o melhor para você na terceira fase.

Nas páginas a seguir detalharemos melhor cada uma dessas fases. Depois pedirei que você imagine o futuro. Ao olhar essas fases, observe como as descrições dos acontecimentos da vida de uma pessoa-padrão se encaixam com as suas próprias experiências, especialmente em encruzilhadas críticas, pois as escolhas feitas nesses momentos — como se formar ou não no ensino médio ou na faculdade, que carreira seguir, ter ou não ter filhos etc. — acarretarão grandes consequências na sua vida posteriormente.

1ª FASE

Na primeira fase você depende daqueles que lhe preparam para a segunda fase. Esses anos têm grande influência na formação de suas preferências e caráter, e darão a você suas habilidades e aptidões intrínsecas. Em geral, os primeiros anos dessa fase são mais fáceis do que os anos de ensino médio, nos quais você está se esforçando para se preparar para o que vem em seguida. No ensino médio, você naturalmente vai buscar mais independência e vivenciar mais o magnetismo animal causado pelos hormônios em desenvolvimento. Como resultado, os anos de escola serão os mais divertidos para você, e serão os mais desafiadores para você e seus pais. Mais tarde, você ingressará em uma faculdade ou passará direto para a segunda fase ao arranjar um emprego. Se você fizer faculdade, terá muito mais liberdade e diversão com seus amigos e experimentará um grande estímulo intelectual. Ao longo do período universitário, você será guiado, pois o curso escolhido e a maior parte de sua vida já estão praticamente projetados. A próxima fase começará com o término do ciclo educacional, marcado pela graduação, e com o início de sua carreira.

Por favor, pare um pouco para assinalar os campos na página seguinte, observando os marcos pelos quais você passou.

0 ~80

SUAS ANOTAÇÕES E REFLEXÕES

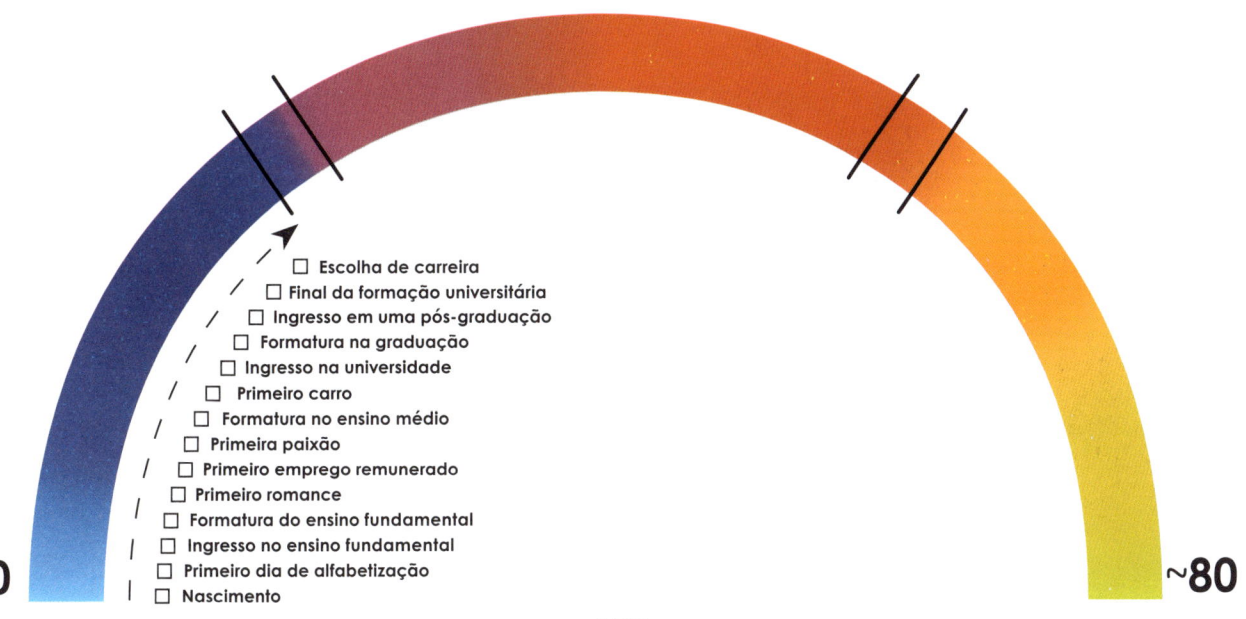

- ☐ Escolha de carreira
- ☐ Final da formação universitária
- ☐ Ingresso em uma pós-graduação
- ☐ Formatura na graduação
- ☐ Ingresso na universidade
- ☐ Primeiro carro
- ☐ Formatura no ensino médio
- ☐ Primeira paixão
- ☐ Primeiro emprego remunerado
- ☐ Primeiro romance
- ☐ Formatura do ensino fundamental
- ☐ Ingresso no ensino fundamental
- ☐ Primeiro dia de alfabetização
- ☐ Nascimento

0

~80

2ª FASE

Na segunda fase você trabalhará para ser bem-sucedido e outros dependerão de você. Na parte inicial desta fase, você se afasta do caminho para o qual foi guiado pois está livre para fazer as próprias escolhas, que são vastas. Você pode morar em qualquer lugar do mundo, trabalhar em qualquer emprego que conseguir e ficar com quem quer que seja. Em outras palavras, você pode fazer praticamente o que quiser. Seus vinte e tantos anos são um dos períodos mais felizes de sua vida. Você vive romances e provavelmente encontrará a pessoa com quem pretende passar a vida. Enquanto progride cada vez mais nesta segunda fase, você aceita mais compromissos e responsabilidades no trabalho e no amor — assim sua liberdade de escolha diminui e o equilíbrio entre a vida pessoal e a carreira se torna cada vez mais desafiador. Talvez você se divorcie, uma experiência nem um pouco positiva que costuma ocorrer na faixa dos 25 aos 40 anos de idade. O período dos 45 aos 55 é especialmente desafiador, constando como o período menos feliz. A transição da maioria das pessoas ocorre dos 55 aos 65, quando param de trabalhar integralmente, dando fim à segunda fase.

Assinale os campos dos marcos pelos quais você passou.

0   ~80

SUAS ANOTAÇÕES E REFLEXÕES

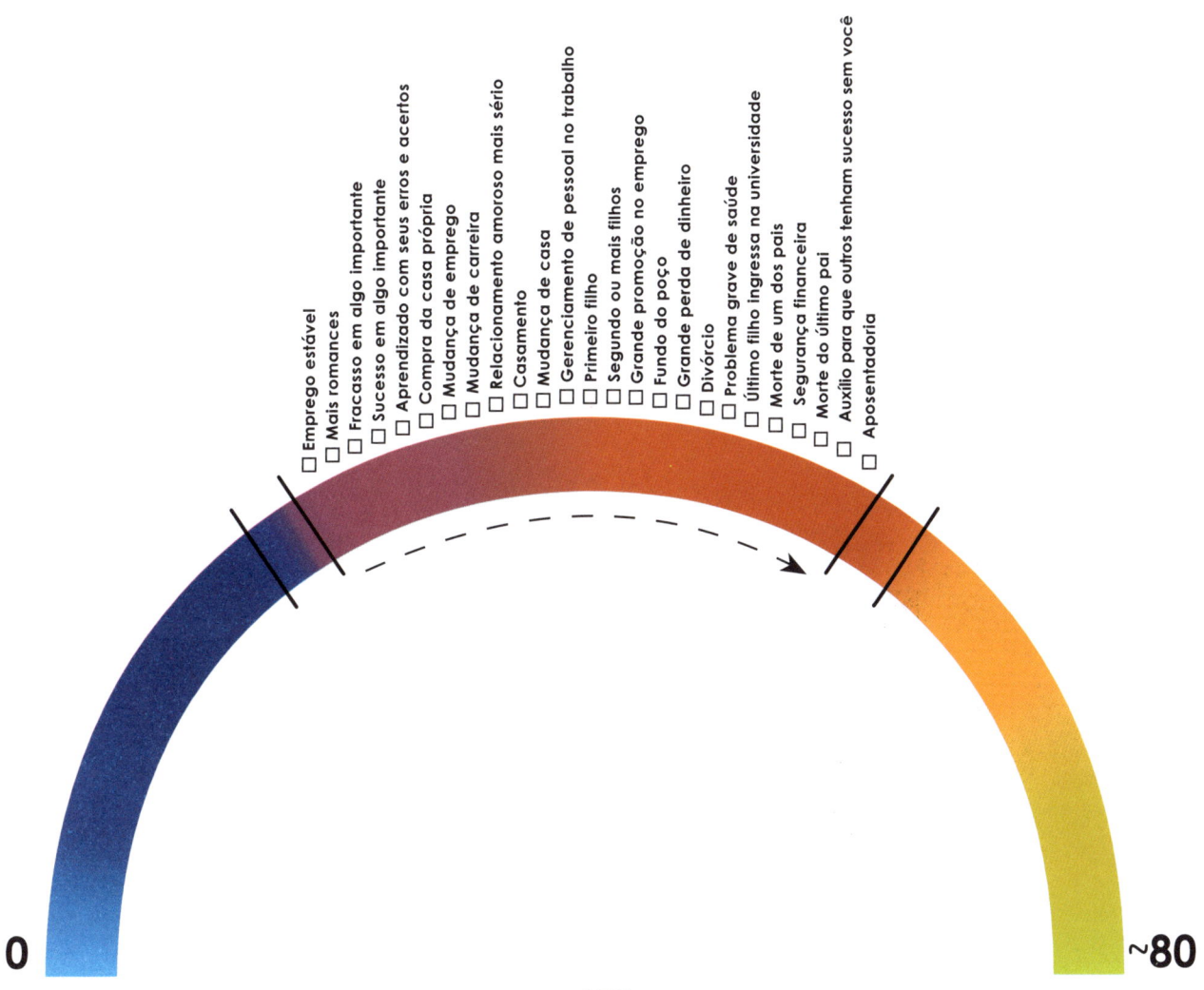

- ☐ Emprego estável
- ☐ Mais romances
- ☐ Fracasso em algo importante
- ☐ Sucesso em algo importante
- ☐ Aprendizado com seus erros e acertos
- ☐ Compra da casa própria
- ☐ Mudança de emprego
- ☐ Mudança de carreira
- ☐ Relacionamento amoroso mais sério
- ☐ Casamento
- ☐ Mudança de casa
- ☐ Gerenciamento de pessoal no trabalho
- ☐ Primeiro filho
- ☐ Segundo ou mais filhos
- ☐ Grande promoção no emprego
- ☐ Fundo do poço
- ☐ Grande perda de dinheiro
- ☐ Divórcio
- ☐ Problema grave de saúde
- ☐ Último filho ingressa na universidade
- ☐ Morte de um dos pais
- ☐ Segurança financeira
- ☐ Morte do último pai
- ☐ Auxílio para que outros tenham sucesso sem você
- ☐ Aposentadoria

0

~80

3ª FASE

Na terceira fase você tem muito mais liberdade porque deixa para trás as responsabilidades do trabalho e da criação dos filhos, e não precisa cuidar de seus pais, que faleceram. Você tem muito tempo livre para curtir sua família, seus amigos e as coisas que gosta de fazer. Geralmente os netos aparecem um pouco antes ou nesta fase, algo que é universalmente considerado uma grande alegria. (Posso confirmar essa premissa.)

Os 70 anos são os mais felizes, de acordo com pesquisas. O final desse período é mais difícil porque é quando os amigos começam a morrer, e também o cônjuge, além dos problemas de saúde que surgem. Surpreendentemente (ao menos para mim), enquanto os níveis de felicidade caem um pouco na última parte desta fase, eles continuam relativamente altos até o final, período em que a sabedoria e a espiritualidade em geral estão altas.

Assinale os campos dos marcos restantes pelos quais você passou.

0   ~80

SUAS ANOTAÇÕES E REFLEXÕES

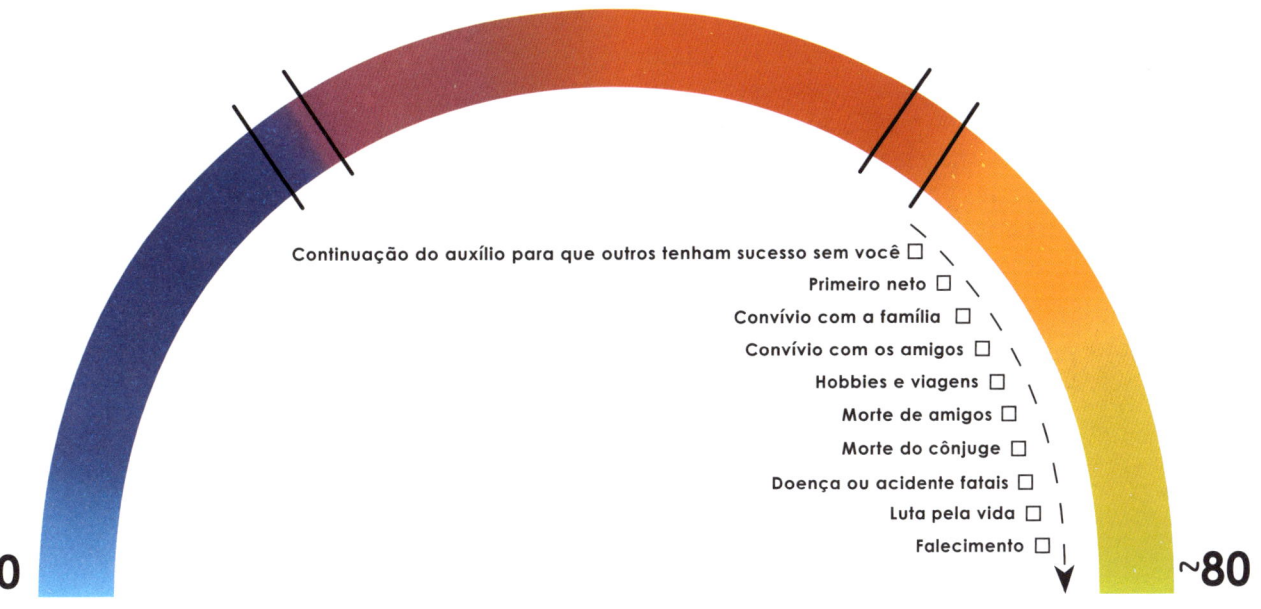

Continuação do auxílio para que outros tenham sucesso sem você ☐
Primeiro neto ☐
Convívio com a família ☐
Convívio com os amigos ☐
Hobbies e viagens ☐
Morte de amigos ☐
Morte do cônjuge ☐
Doença ou acidente fatais ☐
Luta pela vida ☐
Falecimento ☐

0

~80

PLANEJAMENTO DE SUA CURVA DE VIDA

Agora que analisamos cada uma dessas fases mais detalhadamente, vamos dar mais perspectiva para você e para as pessoas que lhe são importantes. Comece fazendo um círculo no ponto aproximado em que você se encontra na curva. Agora, faça pequenas marcas nos pontos em que estão seus entes queridos, indicando-os com suas iniciais perto das respectivas marcas.

Reserve algum tempo para imaginar onde eles e você estarão daqui a dez anos, e o que é provável que aconteça de hoje até lá, pois o que acontecer a eles vai afetá-lo e o que acontecer a você os afetará. Por exemplo, você talvez veja que em dez anos seus filhos (que são 25 a 40 anos mais novos que você) estarão saindo de casa, e seus pais (que são 25 a 40 anos mais velhos que você) provavelmente estarão nos últimos anos de vida ou vão falecer enquanto você se aproxima do período mais difícil de sua carreira. Sabendo o que aguarda você e sua família, é possível pensar em como fazer esses dez anos serem os mais confortáveis para vocês. Quanto mais você visualiza em detalhes esse período de dez anos (por exemplo, quanto dinheiro e tempo você precisa, e para quê), melhor será.

Como é difícil visualizar coisas pelas quais ainda não passou, você vai deparar com novos desafios e, quando isso ocorrer, encontre pessoas que já os vivenciaram e pergunte sobre o que esperar e que princípios os ajudaram. Por exemplo, se você estiver rumando para determinada carreira, procure pessoas que você respeita nesse campo e peça que elas expliquem como é, incluindo seu desenvolvimento ao longo do tempo. Encontre aqueles que estão mais à frente na carreira e obtiveram o sucesso que você almeja, então descubra os caminhos que trilharam e os princípios usados para obter tal sucesso. Faça anotações no diagrama da página seguinte e, se esse diagrama se tornar muito complicado com suas anotações, desenhe mais uma ou duas curvas em outro papel para poder empregá-los.

Você vai gostar de consultar essas anotações e esses princípios, refinando-os com o passar dos anos. Então, quando estiver na transição para a terceira fase e quiser ajudar as pessoas a terem sucesso sem você, transmita seus princípios a elas.

0   ~80

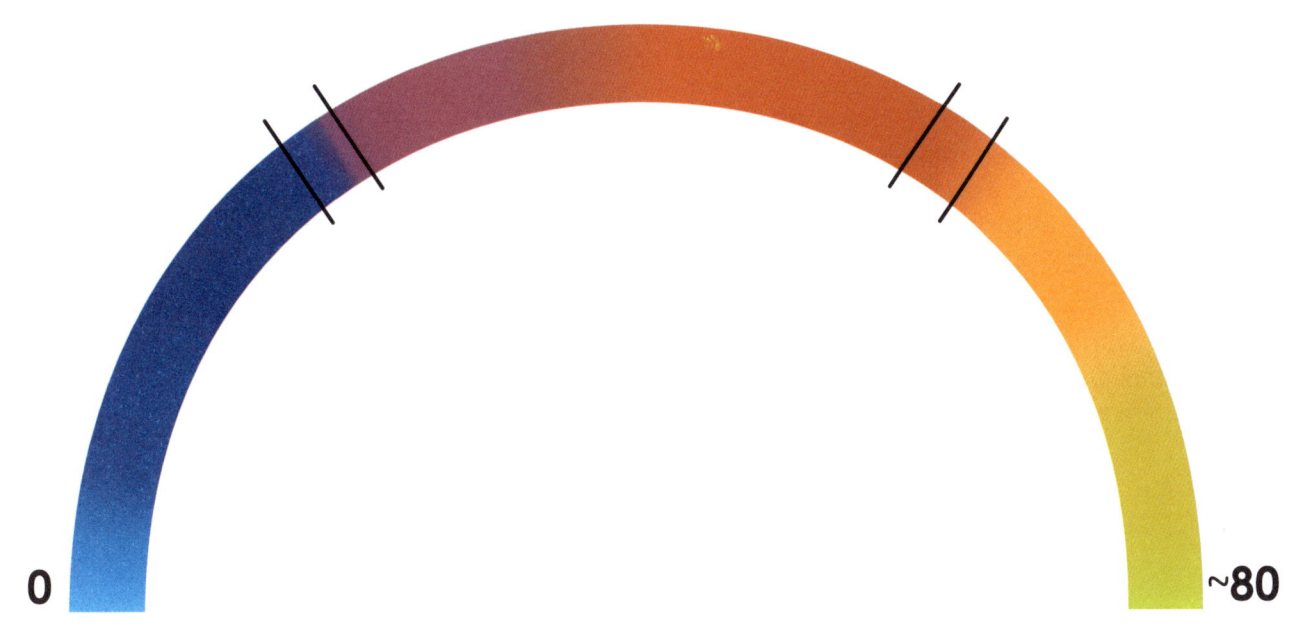

163

MAIS SOBRE PRINCÍPIOS

PRINCÍPIOS

O livro original que contém a coleção completa dos princípios do autor, com mais de 2 milhões de cópias vendidas internacionalmente.

PRINCÍPIOS PARA O SUCESSO: UMA MINÚSCULA SÉRIE DE AVENTURA

A compilação de *Princípios* em uma animação de 30 minutos, disponível no YouTube e com 4 milhões de vizualizações.

MÍDIAS SOCIAIS

Siga @raydalio no Facebook, no Instagram, no Twitter e no LinkedIn, onde ele responde com regularidade a perguntas sobre os seus princípios.

APP PRINCIPLES IN ACTION

O texto completo de *Princípios* aliado a estudos de caso — que ilustram a aplicação dos princípios na vida real — e a uma ferramenta para registro de seus próprios princípios. Já disponível na Apple Store; para Android, disponível a partir de 2020.

PRINCÍPIOS ECONÔMICOS

Caso tenha interesse em economia e mercados, visite www.economicprinciples.org para encontrar os escritos de Ray a esse respeito, incluindo o e-book gratuito *Principles for navigating big debt crises*.

Ou encontre tudo em **www.principles.com**.

intrinseca.com.br
@intrinseca
editoraintrinseca
@intrinseca

1ª edição	MARÇO DE 2020
impressão	BARTIRA
papel de miolo	OFFSET 120G/M²
papel de capa	CARTÃO SUPREMO ALTA ALVURA 250G/M²
tipografia	TISA PRO